완역 어현기시집

완역 어현기시집

펴낸곳 서울대학교출판문화원
펴낸이 오연천
역해자 류창교

초판 1쇄 인쇄 2013년 11월 10일
초판 1쇄 발행 2013년 11월 15일

출판등록 제15-3호
주소 서울시 관악구 관악로 1 우편번호 151-742
대표전화 02-880-5252
팩스 02-888-4148
마케팅팀 02-889-4424, 02-880-7995
이메일 snubook@snu.ac.kr
홈페이지 www.snupress.com
영문홈페이지 eng.snupress.com

ISBN 978-89-521-1459-4 93820

완역

어현기시집

어현기 지음 — 류창교 역해

서울대학교출판문화원

The Complete Poems of the T'ang Dynasty Poetess Yu Xuanji

Translated with Commentary by ChangGyo Ryu

Seoul National University Press

서문

시는 인간 삶에 대한 예술적 기록이요, 마음의 무늬이다. 시 속에는 삶이 있고, 마음이 있고, 생각이 있고, 정서가 있고, 경험이 있고, 문화가 있다. 어현기魚玄機는 중국시의 황금기였던 당대唐代의 여류 시인이다. 그녀는 설도薛濤(770?~832?, 자字 홍도洪度), 이야李冶(?~784, 자字 계란季蘭)와 함께 당대를 대표하는 3대 여성시인으로 손꼽히고 있다. 어현기의 시 속에는 여성의 삶이 있고, 여성의 마음, 여성의 경험 그리고 문화가 들어 있다. 어현기의 시를 읽는다는 것은 지금으로부터 약 1,200여 년 전의 중국의 당대를 살아갔던 한 여성의 마음의 몸속으로 들어가는 것과 같다. 모든 시는 우리에게 정서적 반응을 일으킨다. 어현기의 시가 뿜어내는 느낌의 숲속에서 우리는 어쩌면 우리 안에 있는 사랑과 욕망을 읽을 수도 있고, 아니면 지금도 버리지 못한 오래된 유전자와도 같은 여성의 혹은 인간의 정서의 어떤 구조를 발견할지도 모른다. 그녀의 마음이 그려 낸 말에서 우리가 무엇을 발견하든 그녀의 시를 읽는다는 것은 우리가 우리들 자신의 마음의 생김새를 돌아보는 것과 같다. 그러므로 이 시집은 소중한 경험을 할 수 있게 할 것이다.

어현기(약 844~846년 출생, 868년 사망)는 여도사로 지내며 자신의 여시동을 살해한 뒤 이십대 청춘의 한복판에서 삶의 종지부를 찍은 독특한 이력의 소유자이다. 여기에 재능이 있는 한 여자가 있어 삶에 대해 뜨거운 열정과 예민한 감수성을 지니고 있다. 그러나 그것을 펼칠 수 있는 마당이 주어지지 못한다면 그녀의 삶의 길은 어떻게 될 것인가? 여성의 삶이 사랑과 결혼 이외에 달리 추구할 것도 없는 봉건 사회에서 그러한 여성이 사랑과 결혼에 실패했다면 어떻게 될 것인가? 만약 불꽃을 일으키는 사랑의 대상을 만나지 못했거나 아니면 차라리 사랑과 결혼을 추구하지 않고 처음부터 기녀의 삶을 선택했으면 좋으련만 그러지 못했다. 그리고 자신의 가슴을 뛰게 하는 한 남자를 만났고 그런 뒤에 버림받았다면 그녀의 마음속에 무슨 덩어리가 남겨질 것인가? 그리고 사랑에 대한 열정 이외에 시적 재능이 있으나 그 재능을 공적으로 사회화할 수 있는 방법이 없다면 어떻게 될 것인가? 사랑과 재능 모두에서 그 에너지를 건강하게 발산할 수 있는 출구가 차단된다면 그 여자의 마음상태는 어떻게 될 것인가? 이런 생각들을 해 보면 스물서너 살 젊은 나이에 그녀가 때려 죽인 녹교綠翹의 말처럼 '사랑과 잠자리'에 대한 욕망을 버리지 못해 결국 살해를 하고 처형으로 삶을 마감한 어현기라는 한 젊은 여성이 가엾고 안됐다. 중국의 전통사회에서 재능 있는 여성시인들 가운데 그 누구도 어현기처럼 짧은 생애를 살며 사랑의 욕망의 덫에 걸려 살인을 한 여자는 없다. 이유막론하고 살인은 끔찍하고 부도덕하고 비극적인 일이지만 스물셋 혹은 넷의 꽃다운 나이에 사람을 때려 죽인 살인마가 되어 감옥에서 삶의 종지부를 찍은 당대의 여성시인 어현기가 못내 가여운 마음이 드는 것은 그녀의 손에 맞아 죽은 녹교의 입장이 되지 못하기 때문만은 아닐 것이다.

이 책은 어현기의 시에 대한 최초의 완역서이다. 그리고 중국고전여성시인의 시집에 대한 한글 완역서로는 설도에 이어 두 번째로 출간되는 책이다. 이 책이 시를 연구하는 전문가나 동아시아 고전문학, 특히 여성문학을 연구하는 사람들에게 도움이 되고, 아울러 시를 사랑하는 모든 교양인에게 즐거운 읽을거리가 될 수 있기를 희망한다.

책이 출판되기까지는 많은 분들의 도움과 격려가 있었다. 먼저 어현기시를 함께 읽어 주시면서 많은 조언을 아끼지 않으셨던 중국사회과학원 문학연구소의 장인蔣寅 교수님께 감사의 말씀을 올린다. 또한 표지의 제자題字를 예쁘게 써 주신 북경대 중문과의 원로학자 원행패袁行霈 교수님과 이 책이 출판될 수 있도록 도움을 주신 서울대 중문과의 교수님들 그리고 서울대학교출판문화원의 관계자 여러분, 그 밖에 도움을 주신 모든 분께 깊은 감사를 드린다.

2013년 10월

필자

차례

[미수록시]

당여랑 어현기시집

唐女郎魚玄機詩集

鱼玄機

강변 버들이라는 제목으로 노래하다
賦得江邊柳

비취 빛깔은 거친 언덕으로 이어지고,
연무 자태는 머언 누각으로 들어가요.
그림자는 가을날 수면 위에 펼쳐 있고,
꽃송이는 낚시꾼 머리 위로 떨어져요.
뿌리는 늙어 물고기 굴을 품고 있고,
가지는 낮아 나그네 배를 묶었네요.
쏴아 쏴아 비바람이 몰아치는 밤에,
꿈에 놀라 깨어나니 근심만 더해요.

翠色連荒岸,
煙姿入遠樓.
影鋪秋水面,
花落釣人頭.
根老藏魚窟,
枝低繫客舟.
瀟瀟風雨夜,
驚夢復添愁.

작품설명

이 시의 제목은 《우현집又玄集》, 《문원영화文苑英華》, 《당시기사唐詩紀事》에는 〈임강수臨江樹〉라고 되어 있고, 《재조집才調集》과 《전당시록全唐詩錄》에는 〈부득강변수賦得江邊樹〉라고 되어 있다.

버들을 노래한 영물시이다. 강변에 서 있는 버들의 면면을 섬세하게 묘사하고 있다. 제1구에서부터 제6구까지는 버들의 면모를 빛깔(色), 자태(恣), 그림자(影), 꽃(花), 뿌리(根), 가지(枝) 순서로 묘사하고, 마지막 제8구에서는 시인의 감정을 드러냈는데, 시인은 이 감정을 선명하게 드러내기 위해 제7구에서 비바람 부는 풍경과 밤이라는 시간을 제시하고 있다. 이 시는 중국 고전시의 일반적 구성인 '선경후정先景後情' 즉 경물 묘사를 앞세운 뒤에 감정을 표현하는 방식으로 되어 있다. 버들(柳, 류, [liu])은 머물다(留, 류, [liu])와 동일음운이기 때문에 당대唐代에는 버들에 '머물다'는 이미지를 부여하여 버들가지를 꺾어 떠나는 사람에게 송별의 선물로 건네는 풍속이 성행하였다. 제1구에서 제6구까지 묘사되어 있는 버들의 속성은 버들의 빛깔과 언덕, 버들의 자태와 누대, 버들의 그림자와 물, 버들 꽃과 낚시꾼, 버들 뿌리와 물고기굴, 버들가지와 나그네

賦得(부득) | ~이라는 제목으로 지었다는 의미이다. 시체詩體의 일종으로 전대 사람이 지은 구절을 제목으로 따서 지을 때 제목 앞에 '부득賦得'이라는 두 글자를 붙였다. 강변 버들(강변류江邊柳)이라는 시제詩題를 얻어서 시를 지었다는 의미이다.

翠色(취색) | 비취 빛깔. 취翠는 짙은 옥색. 《우현집》과 《재조집》, 《문원영화》와 《전당시록》에는 모두 '초색草色'이라고 되어 있다.

連(연) | 이어지다. 뻗치다. 《재조집》과 《전당시록》에서는 모두 '미迷'로 되어 있다.

荒岸(황안) | 거친 언덕.

煙姿(연자) | 연무를 머금고 바람에 나부끼는 버드나무의 자태. 《문원영화》에는 '연파煙波'로 되어 있다.

入(입) | 들어가다.

遠樓(원루) | 먼 누각, 먼 곳에 있는 누각. 누樓는 이층 이상으로 지어진 건축물을 일컫는다.

影(영) | 《우현집》과 《재조집》, 《문원영화》와 《당시기사》, 《전당시록》에는 모두 엽葉'으로 되어 있다.

의 관계에서 각각 '연連', '입入', '포鋪', '락落', '장藏', '계繫' 등으로 묘사되고 있어 모두 머물러 함께 있는 이미지를 지니고 있다. 그러나 버들과 달리 시인의 오늘 밤은 비바람 불어와 임과 함께하지 못해 근심만 더해 간다. 버들잎의 푸른 잎이 거친 언덕으로 이어지고, 그곳 저 멀리에는 누대가 보인다. 맑고 깨끗한 물 위에는 뚜렷한 버드나무 그림자가 보인다. 봄이 되면 버들솜 휘날리며 강 언덕에서 낚시하는 사람의 머리 위로 떨어진다. 오래되고 큰 버드나무 뿌리에는 물고기가 살고 있는 동굴이 숨어 있다. 고대 중국문화에서 '물고기(어魚, [yu])'는 '욕망(욕欲, [yu])'과 동일음운으로서 남녀간의 '욕망'을 나타내면서 한편 중국 민가에서는 '배필' 혹은 '애인'을 나타내는 은어(聞一多, 《神話與詩》, 中華書局, 1959, p. 119)라는 점을 생각해 본다면 이 시가 던져 주는 내포는 증폭된다. 시인은 비바람 몰아치는 밤에 꿈에서 놀라 깨어나 근심만 할 뿐이다. 황주성黃周星은 《당시쾌唐詩快》에서 이 시에 대해 "비취 빛깔 두 구는 감정과 경물이 모두 뛰어나다.翠色兩句, 情景俱絶."라고 평한 바 있다. 한편 팽지헌彭志憲과 장일張燚은 이 시는 강변 버들의 가을빛으로 자신을 비유

鋪(포) | 펼쳐 있다.

秋水面(추수면) | 가을 수면, 추수秋水는 가을날의 물, 가을 물은 투명하여 사람들이 좋아한다. 《문원영화》에는 '강수江水'로 되어 있다.

花(화) | 버들 솜을 지칭한다.

落(낙) | 떨어지다.

釣人(조인) | 낚시꾼. 《전당시全唐詩》 주석에는 '조기釣磯'라고도 되어 있다고 하였다.

頭(두) | 머리.

根(근) | 뿌리.

老(노) | 늙다, 오래되다.

藏(장) | 품다. 간직하다.

魚窟(어굴) | 고기가 몸을 숨기는 동굴. 여기서는 늙은 나무의 거친 뿌리가 물 밑에까지 뻗어 물고기가 몸을 숨기는 장소가 된 것을 가리킨다. 《문원영화》에는 '용굴龍窟'이라고 하였다. '귀굴龜窟'이라고 되어 있는 판본도 있다.

하였는데 주제는 자신이 비록 버려진 여인이지만 그래도 가을버들처럼 볼 만한 것이 있다는 것으로 이영李郢이라는 남자에게 머물러 달라고 재차 청구하는 것이라고 보았다. 또한《전당시》권884에는 이영의 시〈강변 버들江邊柳〉이 있는데 이것으로 보아 두 사람이 창화唱和하였을 것으로 보고 아마도 함통咸通 4년(863) 가을에 지었을 것이라고 하였다. 그래서 이 시의 낚시꾼(조인釣人)은 이영을 암시하는 것으로 보았는데 이영이 낚시하기를 좋아했다는 것은 어현기의 또 다른 시〈이단공이 낚시를 하고 돌아왔다는 말을 듣고 부침聞李端公垂釣回寄贈〉이라는 시에서 보인다.(彭志憲, 張燚 著,《唐代女詩人魚玄機詩編年譯注》, 新疆大學出版社, 1995, pp. 45-47 참조)

枝(지) | 가지.
低(저) | 낮다.
繫(계) | 매다.《우현집》과《당시기사》에는 모두 '불拂'이라고 되어 있고,《당시기사》의 주석에는 '방傍'이라고 되어 있는 곳도 있다고 하였다.
客舟(객주) | 나그네가 타고 다니는 배.
瀟瀟(소소) | 바람이 세고 빗줄기가 빠른 것을 형용한다.《재조집》과《당시기사》에는 '소소蕭蕭'라고 되어 있다.
風雨夜(풍우야) | 비바람치는 밤.
驚夢(경몽) | 꿈에서 놀라 깨어나다.
復(부) | 다시.
添(첨) | 더하다.
愁(수) | 근심.

이웃집 여자에게
贈鄰女

햇님을 부끄러워해 비단 소매로 가리고,
봄날을 근심하느라 일어나 꾸미기 귀찮아.
값을 매길 수 없는 보석은 구하기 쉬운데,
내게 마음 두는 그 임을 얻기는 어려워라.
침상에서 잠자코 눈물을 드리우고,
꽃속에서 남몰래 애간장 끊어지네.
스스로 송옥을 엿볼 수 있다면,
뭐하러 왕창을 원망하겠는가?

羞日遮羅袖,
愁春懶起粧.
易求無價寶,
難得有心郎.
枕上潛垂淚,
花間暗斷腸.
自能窺宋玉,
何必恨王昌.

작품설명

어현기의 대표작 가운데 하나이다. 《재조집》에는 이 작품의 제목을 "기이억원외寄李億員外"라고 하였고, 아래 주석에 "기린녀寄鄰女"라고도 한다고 하였다. 《전당시》에는 "기이억원외寄李億員外"로 되어 있다. 《북몽쇄언北夢瑣言》(《太平廣記》 271, 婦人類, 魚玄機條)에는 어현기가 함의관咸宜觀에서 지낼 때 지은 것이라고 되어 있다. 《당재자전唐才子傳》에서도 이것을 어현기가 여도사가 되어 함의관에 있었을 때 지었고 이억李億을 원망하는 시라고 설명하였다. 진정으로 사랑하는 임을 얻지 못하는 시인의 깊은 슬픔이 절절하게 표현되어 있는 이 작품의 제3, 4수는 대표적인 명구로 잘 알려져 있다. 이 시의 마지막 두 구는 송옥宋玉처럼 짝사랑하는 내 님이 있기만 하다면 잘생긴 남자 왕창에게 시집가지 못하는 것

羞日(수일) | 햇님에게 부끄럽다. 봄날 햇살이 눈부셔 얼굴을 들기 힘든 것을 부끄럽다(수羞)로 표현하였다.

遮(차) | 가리다. 《재조집》에서는 '장障'이라고 하였다.

羅袖(나수) | 비단 소매.

愁春(수춘) | 봄날을 근심하다. 봄날의 애수를 가리킨다.

懶(나) | 게으르다. 의욕이 없다.

起粧(기장) | 일어나서 단장하다.

易求(이구) | 구하기 쉽다.

無價寶(무가보) | 값을 매길 수 없는 보석. 매우 값진 보석.

難得(난득) | 얻기 어렵다.

有心郎(유심랑) | 온 마음으로 자신을 사랑해 주는 남자. 《전당시록》과 《당시기사》에는 '유정랑有情郎'으로 되어 있다.

枕上(침상) | 침상에서, 잠자리에서.

潛(잠) | 잠자코.

垂淚(수루) | 눈물을 드리우다. 눈물을 흘리다.

花間(화간) | 꽃 속에서, 꽃 사이에서.

暗(암) | 남몰래. 위의 잠潛과 같은 의미이다.

斷腸(단장) | 창자가 끊어지다. 마음이 몹시 슬프다는 뜻.

을 원망할 필요는 없다는 의미로 사랑하는 임을 얻고 싶은 시인의 마음을 간절히 표현하고 있다. 양조지楊肇祉는 《당시염일품唐詩艷逸品》에서 이 시에 대해 "글자마다 정신을 상하였다字字傷神"라고 평하였다.

自(자) | 스스로, 몸소.

能(능) | ~할 수 있다.

窺宋玉(규송옥) | 몰래 송옥을 보다. 송옥은 전국말엽, 기원전 3세기경의 초나라 시인으로 굴원屈原과 함께 초사楚辭의 대가이며 대표작으로 〈구변九辯〉 등이 있다. 그의 〈등도자(대부 이름-역자 주) 호색부登徒子好色賦〉에 동쪽 이웃의 천하제일 미녀가 담장에 올라가 3년 동안이나 자신을 엿보았지만 허락하지 않았다는 구절이 나온다.

何必(하필) | 어찌 ~할 필요가 있겠는가? 반어문으로 ~할 필요가 없다는 말. 《명원시귀名媛詩歸》와 《전당시록》에는 모두 '불필不必'이라고 되어 있다.

恨(한) | 원망하다. 한하다.

王昌(왕창) | 당시唐詩에서 즐겨 언급되는 인물로 정부情夫 혹은 미남자를 가리킨다. 《양양기구전襄陽耆舊傳》에 "왕창은 자字가 공백으로 산기상시가 되었으며 부인은 임성왕 조자문의 딸이다. 왕창은 모습이 준수하여 당시 모두들 칭찬하였다.王昌, 字公伯, 爲散騎常侍, 婦任城王曹子文女. 昌姿儀俊美, 爲時所共賞."라는 기록이 있다. 또한 양무제梁武帝의 〈황하 속의 물 노래河中之水歌〉에는 인생의 부귀를 무에 바랄 것인가, 일찌감치 왕창에게 시집가지 못한 것이 원망스럽다는 표현이 나온다.

국향에게
寄國香

아침저녁 술에 취해 읊조리는 몸,
사모하는 마음은 또 이 봄이어라.
빗속에는 우편 배달부 있고,
창 밑에는 애간장 끊는 이라.
산을 구슬주렴 거두고 바라보니,
근심은 향기로운 풀 따라 새로워라.
헤어진 이래로 조촐한 주연에서,
몇 번이나 대들보 진흙 떨어뜨렸나.

旦夕醉吟身,
相思又此春.
雨中寄書使,
窗下斷腸人.
山捲珠簾看,
愁隨芳草新.
別來淸宴上,
幾度落梁塵.

작품설명

제목의 국향이 누구를 가리키는지 정확히 알 수 없다. 시의 내용은 가희歌姬의 생활을 묘사하고 있으므로 아마도 국향이라는 이름을 지닌 가희에게 보내는 시일 것이다. 종성鐘惺은 《명원시귀名媛詩歸》에서 이 시에 대해 "빗속, 창 밑은 단지 일상적인 기탁어일 뿐인데, 한번 총명한 사람이 사용하고 나니, 이처럼 순탄하고 원활하고 호탕할 줄은 몰랐다.雨中, 窗下 只平常襯貼字耳, 一經聰明人用來, 不知如許宛轉駘宕."라고 하였다.

寄(기) | 보내다.

國香(국향) | 가희歌姬의 이름으로 보인다. 국향은 난초꽃의 별칭으로 가희의 이름으로 많이 사용되었다.

旦夕(단석) | 아침과 저녁, 아침저녁으로, 밤낮으로, 날마다.

醉吟(취음) | 술에 취하여 시가를 읊음.

身(신) | 나 자신.

相思(상사) | 서로가 그리워하다. 사모하는 마음. 나중에는 남녀가 서로 좋아하지만 다가갈 길이 없어 일어나는 상념을 가리키게 되었다.

又此春(우차춘) | 또 이 봄이. 사모하는 마음(상사相思)이 또 이 봄에도 여전하다는 뜻이다. 번역시에서도 압운의 리듬을 맞추기 위해 끝 글자를 '이'로 처리해 보았다. 《명원시귀》에는 "우차신又此身"이라고 되어 있고, 《전당시록》에는 "하처신何處申"이라고 되어 있다.

寄書使(기서사) | 편지를 가져오는 사자. 우편 배달부.

窗下(창하) | 창 아래.

斷腸人(단장인) | 애간장 끊어지는 이. 단장斷腸은 비통함이 극점에 이른 것을 형용한다.

捲(권) | 말다. 걷다.

珠簾(주렴) | 구슬 발.

愁(수) | 근심.

隨(수) | 따르다.

芳草(방초) | 향기로운 풀.

別來(별래) | 헤어진 뒤로, 이별한 이래로.

淸宴(청연) | 조촐한 주연. 청아淸雅한 연회.

上(상) | ~에서.

幾度(기도) | 몇 번.

落梁塵(낙량진) | 노래하는 소리가 널리 퍼져 실내의 대들보 위의 진흙을 떨어뜨린다는 뜻으로 노래가 훌륭함을 비유하는 상투어이다.

도사라는 제목으로 부침
寄題錬師

빛 고운 노을을 잘라서 옷을 만들고
향료를 더 넣고 자수 휘장을 나가요.
부용꽃 잎은 … … … … … … …,
산수 치마 … … … … … 드물지요.
걸음을 멈추고 앵무새 소리 듣고
새장을 열어서 학 풀어 날게 하지요.
대청에서 봄날 잠에서 깨어나니
저녁 비는 때마침 쏴아 쏴아

霞彩翦爲衣,
添香出繡幃.
芙蓉花葉□,
山水帔□稀.
駐履聞鸎語,
開籠放鶴飛.
高堂春睡覺,
暮雨正霏霏.

작품설명

도교의 연사鍊師의 일상생활을 묘사한 작품이다. 처음 두 구절은 도사가 노을 무늬의 도사복을 입고 향로에 향을 더 넣은 뒤 휘장 밖으로 나가는 모습을 그렸다. 이어지는 두 구절에는 각각 빠진 글자(제3구의 마지막 글자, 제4구의 네 번째 글자, 이 점은 원본을 비롯하여 모든 판본이 동일하다)가 한 자씩 있지만 제3구는 도사가 외출할 때 쓰는 갓(관冠)을 묘사한 것이고 제4구는 도사들이 걸치는 망토를 묘사한 것으로 짐작된다. 아마도 도사갓을 쓰고, 망토를 걸치는 모습을 묘사한 것일 것이다. 제5구에서는 뜰로 나온 연사가 앵무새 소리가 아름답게 들리자 발걸음을 멈추고 처마에 있던 새장을 열어 학을 날려 보낸다. 도사들은 학을 길렀는데 신선이 학을 탄다는 전설과 관련이 있다. 마지막 두 구는 봄날의 일상 속에 낮잠에 들었다가 저녁이 되어 깨어나니 봄비가 내리고 있다.

寄題(기제) | ~을 제목으로 해서 부친다는 뜻.

鍊師(연사) | 덕이 높은 도사. 《당육전唐六典》에서는 "도사 가운데 도량이 높은 자를 연사鍊師라고 한다"고 되어 있다. 중당中唐 이후의 작품을 보면 시인들이 연사를 방문하거나 서로 시를 주고받으며 상호 교제가 잦았음을 알 수 있다.

霞彩(하채) | 아름다운 노을, 빛이 아름다운 노을, 채하彩霞와 같다. 하채霞彩를 잘라 만든 옷이란 도사복을 가리킨다. 도사가 입는 옷을 '하피霞帔(노을 무늬의 망토)'라고 불렀다.

翦(전) | 자르다.

爲衣(위의) | 옷을 만들다.

添香(첨향) | 향을 더 넣다.

出(출) | 나가다.

繡幃(수위) | 자수刺繡 휘장, 수놓은 휘장(커튼). '위幃'의 본래 의미는 향낭(향을 넣은 주머니)으로 '수위繡幃'는 수놓은 향낭의 의미로 볼 수 있다. 그렇다면 '출수위出繡幃'는 수놓은 향낭을 꺼내다(出은 밖으로 꺼내다는 의미도 있다)로 풀이할 수도 있다. 앞의 두 글자와 연결한다면 향료를 더 넣으려고 수놓은 향낭을 꺼낸다는 의미로 풀 수도 있는데 일반적으로 '위'는 휘장(커튼)이라는 뜻으로 많이 쓰이고 어현기와 친분이 있는 온정균이 여도사를 묘사한 사詞인 〈여도사女冠子〉(작품설명 부분 참조)에서 수놓은 휘장이라는 의미로 '수위'라는 말을 사용하고 있어서 본서에서는 수놓은 휘장으로 풀었다.

어현기는 온정균溫庭筠과 친분이 있고 그에게 보낸 시도 현존하는데 여도사를 노래한 온정균의 사詞 〈여도사女冠子〉에는 "노을무늬 도사복에 구름모양 머리, 금장식 거울의 선녀 얼굴은 눈과 같다네. 수심의 눈썹을 그리고, 입을 가리고 말을 하며 가벼운 부채를 돌리고, 부끄러움을 머금고 수놓은 휘장을 내린다네.霞帔雲髮, 鈿鏡仙容似雪. 畵愁眉, 遮語回輕扇, 含羞下繡幃"라는 표현이 나오는데 어현기의 위의 시의 처음 두 구에 나오는 '하피霞帔', '수위繡幃'와 묘하게 일치한다. 이렇게 본다면 온정균의 이 사詞는 어현기를 묘사한 시일지도 모른다는 상상이 가능하다.

芙蓉花葉(부용화엽) | 도사가 머리에 쓰는 갓(관冠). 도사관道士冠 중에 부용(연꽃)의 꽃잎이 펴 있는 모양이 있어서 붙여진 이름이다.

山水帔(산수피) | 산수그림이 그려진 망토. 피帔는 망토로 도사들이 어깨에 걸치는 망토를 가리킨다.

稀(희) | 드물다. 앞 글자가 빠져 있어 정확한 의미를 파악하기 힘들다. 일단 드물다, 흔하지 않다는 의미로 보았다.

駐履(주리) | 걸음을 멈추다.

鸚語(앵어) | 앵무새 우는 소리.

開籠(개롱) | 새장을 열다.

放鶴 | 학을 풀어 주다. 당대唐代 사람들은 학을 기르는 것을 매우 좋아하였다.

高堂(고당) | 대청.

睡覺(수각) | 잠에서 깨어나다.

暮雨(모우) | 저녁 비.

正(정) | 때마침.

霏霏(비비) | 쏴아 쏴아. 비나 눈이 왕성하게 내리는 모양.

유 장관님께 보냄
寄劉尚書

장관님께서 용감한 군대 주둔시켜,
노래가락이 온 길에 새롭네요.
분수에는 삼월에 비가 내리고,
진수에는 온갖 꽃 핀 봄이에요.
감옥에는 오래도록 빈 자물쇠가,
창과 방패에는 오랫동안 덮은 먼지.
선비와 승려가 자야가를 구경하고,
나그네는 객석에서 술에 취하지요.
붓과 벼루, 다닐 때마다 손을 따라가고,
시와 글은, 앉을 때마다 몸을 휘감지요.
작은 재주를 많이 보살펴 주셔서,
생선을 먹는 사람이 될 수 있었지요.

八座鎭雄軍,
謌謠滿路新.
汾川三月雨,
晉水百花春.
圄圄長空鎖,
干戈久覆塵.
儒僧觀子夜,

羈客醉紅茵.
筆硯行隨手,
詩書坐遶身.
小才多顧盼,
得作食魚人.

寄(기) | 보내다.

劉尙書(유상서) | 성이 유劉씨인 상서, 상서尙書는 관직명으로 상서성尙書省의 육조六曹(육부六部)의 장관을 가리킨다. 유상서劉尙書가 누구인지 확실치 않으나 유동劉潼으로 보기도 한다.

八座(팔좌) | 절도사節度使 아래에 있던 여덟 개의 부서로 좌우복야左右僕射와 그 아래 육부의 장관을 포함하여 팔좌八座라고 한다. 여기에서는 유상서를 가리킨다.

鎭(진) | 주둔하여 지키다.

雄軍(웅군) | 용감하고 강한 군대. 《명원시귀》에서는 '웅수雄帥'라고 되어 있다.

歌謠(가요) | 평화의 노래, 정치적 평화를 말한다.

滿路(만로) | 온 길, 만滿은 여기서 형용사로 온, 전, 모든, 전체의, 전부의 등의 의미로 '만면滿面(온 얼굴)'이라고 할 때의 표현과 같다.

新(신) | 새롭다.

汾川(분천) | 지금의 산서성山西省을 관통하며 흐르는 분하汾河. 분수汾水라고도 한다.

雨(우) | 명사로 비를 나타내지만 여기서는 동사로 비가 내리다로 보는 것이 더 좋겠다.

晉水(진수) | 진수, 산서성에 있는 강, 산서성 태원太原의 서남쪽 현옹산懸甕山에서 시작하여 동쪽으로 흘러 분하로 흘러 들어간다.

百花(백화) | 온갖 꽃.

春(춘) | 명사로 봄을 나타내지만 여기서는 윗 구절의 '우雨'와 짝을 지어 봄이 되었다는 동사로 처리하는 것이 더 좋겠다. 온갖 꽃이 봄을 맞이하여 꽃을 피웠다는 의미이다.

囹圄(영어) | 죄수를 가두는 감옥.

長(장) | 오래도록, 늘, 항상.

空鎖(공쇄) | 빈 자물쇠. 자물쇠(鎖)가 비어 있다(空)는 뜻. 죄수가 없어 감옥에 자물쇠를 채울 일이 없다는 것으로 그만큼 백성들이 평화롭게 산다는 의미이다.

작품설명

이 시의 유상서劉尙書는 유동劉潼으로 보기도 한다.(彭志憲, 張燚 著, 《唐代女詩人魚玄機詩編年譯注》, 新疆大學出版社, 1995, p. 75) 《자치통감資治通鑒》에 의하면 당唐 의종懿宗 함통咸通 7년(866) 3월에 하동절도사河東節度使 유동은 서천절도사西川節度使가 되었다. 하동河東은 산서山西지방을 가리키므로 이 시의 '분천汾川', '진수晋水'와 부합된다. 당대唐代의 절도사들은 임지가 바뀔 때 서울로 와서 황제를 알현한 뒤에 부임하였으므로 어현기의 이 시는 유동이 서울에 있었던 함통 7년 정월이나 2월경 이후에 지은 것일 것이며 이때 어현기는 여도사 신분이었으므로 이 시에 나오는 '고반顧盼(돌봐주다)'의 상황이 일어날 수 있었을 것이다. 당시 유동은 상서尙書라는 직함을 겸직하였으므로 어현기가 그를 유상서로 불렀을 것이다.

이 시는 유동이 하동절도사를 지냈을 적의 공덕을 기려 보낸 시이다. 그가 강력한 통솔력을 발휘하여 관내의 백성들이 평화롭게 살고 있음

干戈(간과) | 방패와 창, 무기의 총칭.
久(구) | 오랫동안.
覆塵(부진) | 덮은 먼지, 먼지(塵)가 방패와 창(간과干戈)을 덮다(覆)는 뜻. 전쟁이 없어 무기를 사용하지 않아 먼지가 쌓인 것을 가리킨다. 바로 앞 구절과 마찬가지로 백성들이 평화롭게 산다는 것을 의미한다.
儒(유) | 선비.
觀(관) | 구경하다.
子夜(자야) | 남조南朝 악부樂府 〈자야사시子夜四時〉로 자야子夜라는 여자가 만들었다는 〈자야가子夜歌〉를 바꾸어 만들었으며, 줄여서 '자야'라고 불렀다.
羈客(기객) | 나그네.
紅茵(홍인) | 붉은 자리, 빈객용 좌석, 객석.
筆硯(필연) | 붓과 벼루.
行(행) | 다니다.
隨手(수수) | 손을 따르다.

을 그리고 있다. 제1, 2구에서는 유상서가 국가대신의 신분으로 태원太原을 지키고 아울러 하동의 대군을 통솔하니 당신을 가송하는 민가가 길에 가득 전하며 끊임없이 갱신된다고 하였다. 다음 3, 4구는 당신의 덕정은 삼월에 분수와 진수에 때맞춰 내리는 비와 같아서 태원과 하동은 백화만발한 새봄이라고 하였다. 다음 5, 6구는 죄를 짓는 사람이 없어 감옥은 오랫동안 자물쇠가 비어 있고, 전쟁이 없어서 무기는 오랫동안 먼지를 덮어쓰고 있다. 제7, 8구는 당신은 다닐 때는 붓과 벼루에서 떠나지 않고, 앉거나 눕거나 시서詩書를 떠나지 않으니 대장군이자 문인이다. 마지막 두 구는 작은 재능이 있는 나를 당신이 은덕을 베풀어 생선을 먹을 수 있을 정도의 대우받는 빈객으로 만들어 주셨으니 참으로 감사할 따름이다. 진문화陳文華는 마지막 두 구에서 '작은 재주(小才)'는 어현기 자신을 가리키며, 이 두 구는 작은 재주를 가진 어현기에 대한 유상서의 돌봄을 말한 것으로 보았다.

詩書(시서) | 시와 글.
遶身(요신) | 몸을 휘감다.
小才(소재) | 작은 재주, 《전당시》에는 '소재小材'라고 되어 있다.
多(다) | 많이.
顧盼(고반) | 보살피다, 돌보다, 존중하다, 예우하다.
得作(득작) | 될 수 있다. 만들 수 있다. '득得'은 동사 앞에 사용되어 가능(~할 수 있다)을 나타낸다.
食魚人(식어인) | 생선을 먹는 사람, 우대받는 빈객. 식어食魚는 물고기(생선)를 먹다로 식객이나 빈객이 중시되고 우대받는 것을 가리키고, 식어인食魚人은 우대받는 문하의 빈객을 뜻한다. 《전국책戰國策 · 제책4齊策四》에 의하면 제齊나라에 풍훤馮諼이라는 사람이 궁핍하여 살기가 힘들었는데 사람을 시켜 맹상군孟嘗君에게 부탁하여 그 문하에서 기식寄食하고자 하였다. 그런데 그가 밥상에 생선이 없다고 노래를 부르자 맹상군이 자신의 문하의 빈객처럼 생선을 먹을 수 있게 해 주었다는 고사에서 '식어'라는 말이 나왔다.

완사묘
浣紗廟

오나라, 월나라가 서로 모의하여 계책이 많았는데,
비단을 빨고 있던 신녀 이미 서로 화해하게 했네.
한 쌍의 보조개가 겨우 얼굴을 돌리니,
십만의 정예군사 전부 창을 뒤집었네.
범려는 공적을 이루자 자신은 은둔을 하였고,
오자서 간언을 올리고 죽으니 나라는 멸했네.
오늘날 제기현의 길다란 강가에는,
청산만 남아 있어 저라로 부른다네.

吳越相謀計策多,
浣紗神女已相和.
一雙笑靨才回面,
十萬精兵盡倒戈.
范蠡功成身隱遯,
伍胥諫死國消磨.
只今諸暨長江畔,
空有青山號苧蘿.

작품설명

이 시는 월나라 미녀 서시西施를 기념하는 사당인 완사묘浣紗廟(서시묘西施廟)를 노래하고 있다. 완사묘는 지금의 절강성 제기현에 있는 저라산의 완사계浣沙溪에 있다. 서시는 이 완사계에서 빨래를 하다가 발탁되었다. 이 계곡의 양쪽 언덕에는 완사묘를 비롯하여 저라정苧蘿亭, 범려묘范

詩書(시서) | 시와 글.

浣紗廟(완사묘) | 서시를 위해 제사지내는 기념사당으로 절강성浙江省 제기현諸暨縣의 완사계에 있다. 월나라의 미녀 서시가 이 시냇물에서 빨래를 하다가 발탁되었다고 전해진다. 사紗는 비단이고 완浣은 씻다는 뜻이다.

吳越(오월) | 춘추시대 지금의 강소성江蘇省 남부를 중심으로 오吳나라(수도는 지금의 소주蘇州)와 그 남방의 절강성 소흥紹興을 중심으로 한 월越나라(수도는 회계會稽, 지금의 소흥 남쪽)가 서로 다투었다.

相謀(상모) | 서로 상의하다.

計策多(계책다) | 계책이 많다. 이런저런 계략을 사용하다. 오나라에는 초나라 출신의 오자서伍子胥가 재상으로 있었고, 월나라에는 범려范蠡가 재상으로 있었는데 오왕吳王 부차夫差가 월나라를 침입해서 월왕 구천勾踐을 잡았을 때 범려는 부차의 간신 백비伯嚭에게 뇌물을 주고 석방을 시키게 하고, 미녀 서시를 부차에게 보냈다. 부차는 그 계략에 넘어가 색욕에 빠져 오자서의 계략을 쓰지 않고 북으로 출병하여 제나라를 토벌하였다. 구천과 범려는 그 기회를 놓치지 않고 오나라를 공격하여 멸망시켰다.

浣纱神女(완사신녀) | 춘추시대 월나라 미녀 서시를 말한다. 사당에 제사를 지내면서부터 신녀라고 불렀다. 서시의 본명은 시이광施夷光으로 대대로 저라촌苧蘿村(지금의 절강성 제기諸暨 남쪽)에 살았다. 저라苧蘿에는 동서東西 두 마을이 있었는데 이광夷光이 서촌西村에 살았기 때문에 서시라고 불렀다. 시施씨의 후예들은 완사계 가에서 생활하였는데, 서시의 아버지는 땔감을 팔고, 어머니는 비단을 빨았다(완사浣紗)고 한다. 서시 또한 항상 시내에서 비단을 빨았다고 한다. 당시 월왕 구천은 오나라에게 패하여 와신상담을 하며 재기를 노리던 중 범려의 계책을 따라 미녀 서시를 오왕 부차에게 바쳤고, 서시는 오왕이 가장 총애하는 비가 되었다. 월왕의 계략대로 오왕은 서시에게 빠져 국사를 소홀히 하였고 결국 오나라는 멸망한다. 오나라의 멸망 후 서시의 종말에 대해서는 여러 가지 설이 있는데 범려를 따라 오호五湖를 건너 은둔하였다는 기록이 있다.

已(이) | 《당여랑어현기시》에는 이 글자가 빠져 있다. 《명원시귀》, 《전당시》, 《전당시록》에는 모두 '이已(이미)로 되어 있고, 이에 근거하여 진문화陳文華는 교주본에서 '이已'를 넣었다. 본서는 진문화의 교주본을 따랐다. 한편 《당시영화唐詩英華》에는 '갱更(다시)'이라고 되어 있다.

相和(상화) | 서로 화해하다. 범려의 계책으로 월왕 구천이 오나라와의 화해의 징표로 서시를 오나라 왕 부차에게 바친 것을 말한다.

一雙(일쌍) | 한 쌍.

蠡廟, 기부묘起埠廟, 욕미시갑浴美施閘 등 14군데의 서시西施 관련 고적이 분포되어 있다. 분홍색의 건축물인 완사묘 안에는 청대清代 광서光緒 황제皇帝의 어지御旨인 석비石碑가 있다고 한다.

춘추시대 말엽 오나라와 월나라가 서로 싸울 때 이 산 아래 개울가에서 빨래를 하던 절세 미녀 서시는 월나라의 부흥을 위해 오왕 부차에게 보내진다. 부차는 서시에게 빠져 정사를 돌보지 않았고 오나라의 정예 군사 또한 왕의 사치에 반감을 느껴 월나라 군사가 침입했는데도 모두 투항을 하고 만다. 한 쌍의 보조개가 십만의 정예병을 투항하게 하였다는 표현에서 '일쌍一雙'과 '십만十萬', '재才(겨우)'와 '진盡(모두)'은 선명한 글자 대비를 통해 서시의 미모와 시대상황을 극적으로 보여 주고 있다. 월나라가 재건되자 공신인 범려는 오호五湖로 가서 은둔하였다. 오왕을

笑靨(소엽) | 보조개. 여기서는 미녀 서시를 가리킨다.

才(재) | 겨우.

回面(회면) | 얼굴을 돌리다. 서시가 오왕에게 애교를 부리는 것을 말한다.

十萬精兵(십만정병) | 십만의 정예병사. 오나라 군대를 말한다.

盡(진) | 모두. 다. 전부.

倒戈(도과) | 창을 뒤집다, 거꾸로 하다. 무기를 내려놓다. 적에게 투항하다. 여기서 창戈은 무기를 의미하고 거꾸로 하다(倒)는 것은 내려놓는다는 의미로 결국 적에게 투항하다는 의미로 사용한다. 여기서는 오왕이 서시에게 빠져 국사를 소홀히 하자 오나라 군대가 월나라에 투항했다는 의미이다. 한편 '도과倒戈'라는 어휘는 '창을 거꾸로 겨누다, 돌리다'는 뜻으로 무기의 방향을 돌려 자기 편을 공격하다는 의미가 있고, 병졸이 반란을 일으키거나 배반하다는 의미가 있지만 《한어대사전》 등의 큰 사전에서는 적에게 투항하다는 의미의 사례로 어현기魚玄機의 이 시를 제시하고 있다.

范蠡(범려) | 춘추시대의 정치가, 군사전략가로 월왕越王 구천의 대부大夫가 되었다. 월나라 미인 서시를 오왕 부차夫差에게 바치고 구천을 도와 오나라를 패망시킨 뒤 월나라를 재건하였다. 공적을 세운 뒤에는 보신保身을 위하여 은둔하였다고 한다.

功成(공성) | 공을 이루다. 공적을 이루다. 공적을 세우다.

身(신) | 자신, 본인.

隱遁(은둔) | 은둔하는 것. 범려는 구천이 복수를 하고 승리하자 오나라의 중신 오자서伍子胥가 제나라를 토벌하는 것에 반대하여 죽임을 당한 것을 생각하고 오자서와 같은 운명에 처할까 두려워 서시를 데리고 오호를 건너 제나라로 가서 은둔하며 대부호가 되었다고 한다.

보필하던 오자서는 왕이 날마다 향락에 빠지자 간언을 올리고 아울러 제나라를 토벌하려는 의론에 반대하다가 죽임을 당하였다. 이제 서시가 살았던 절강성 제기현의 긴 강가에 이르면 그 시절 이야기를 간직한 사당만이 남아 있어 그녀의 이름을 불러 보게 한다. 마지막 두 구절의 첫머리 두 글자를 모아 보면 "지금공유只今空有"가 되는데, 이 네 글자가 포함된 두 구절은 현재의 상황이고, 앞의 여섯 구절은 이미 지난 역사이다. 종성은 이 시에 대해《명원시귀》에서 "한 쌍에 두 구씩 말의 기세가 높이 솟고 튼튼하여 흡사 실제로 그 일이 있었던 것 같다.一雙二句, 語氣陡健, 恰如實有其事."라고 평하였다.

伍胥(오서) | 오자서伍子胥, 이름은 원員이고 초나라의 중신이었던 오사伍奢의 아들이다. 초왕이 그의 부친과 형을 살해하자 오나라로 가서 오왕 부차의 중신이 되었다. 부차가 서시의 미색에 빠져 정치를 제대로 돌보지 않으면서도 제나라를 칠 계획을 세우자 오자서는 이를 반대하였고 결국 부차에게 죽임을 당하였다. 오자서는 죽으면서 자신의 머리를 오나라 궁궐의 서문에 걸어 놓아 "이 눈으로 월나라 군대가 입성하는 것을 보겠다"고 하였다. 그 무렵 월나라가 침입하여 오나라는 멸망하였다.《명원시귀》와《전당시록》에는 모두 '자서子胥'라고 되어 있다.

諫死(간사) | 간언으로 인해 죽다. 죽음을 각오하고 간언하다.

國(국) | 나라. 여기서는 오나라를 가리킨다.

消磨(소마) | 마멸되다. 닳아서 없어지다.

只今(지금) | (비교적 먼 과거에 대하여) 지금, 이제, 오늘날, 현재. 당대唐代 이백李白의 시 〈소수대에서 옛날을 보며蘇苏臺覽古〉("지금은 오직 서강의 달만 남았지, 일찍이 오왕궁의 사람들을 비추었었던只今惟有西江月, 曾照吳王宮里人.")에도 같은 표현이 나온다.

諸暨(제기) | 현縣이름. 지금의 절강성 중부 북쪽에 있다. 근처에 완사계浣沙溪가 있다.

長江(장강) | 긴 강. 여기서는 양자강은 아니다. 진문화는 양자강은 제기현諸暨縣을 지나지 않으며 다만 오월吳越지역은 강남지역에 속하기 때문에 시인이 대략 말한 것이라고 하였다. 제기諸暨 근처를 흘러가는 강은 포양강浦陽江이며 이곳에서는 다만 긴 강이라는 뜻으로 쓴 것일 수도 있다.

畔(반) | (강 · 호수 · 도로 등의) 가, 가장자리, 부근.

空有(공유) | 다만 ~만 있다. ~ 밖에 없다.

青山(청산) | 청산, 푸른 산.

號(호) | 이름을 부르다.

苧蘿(저라) | 저라산. 산 이름. 제기현 근처에 있고 산의 서쪽 편에 길이 약 2.5km의 완사계가 있다. 서시는 이곳 저라산에서 땔감을 팔던 자의 딸이었다.

남은 모란을 팔다
賣殘牡丹

바람을 대하며 탄식해요. 꽃이 자꾸 떨어져서요.
봄기운 살며시 사라지니, 또 한 봄날이 가네요.
아마도 가격이 높아서 사람들이 묻지 않겠지만,
사실은 향기가 심해서 나비가 가까이하기 어렵지요.
빠알간 꽃부리 다만 궁궐 안에서 자라기 알맞고,
비취빛 잎사귀 어찌 이슬과 티끌에 물들겠어요
상림의 동산에 옮겨 심어 놓고 나서야,
왕손은 그제야 살 길 없어 후회하지요.

臨風興歎落花頻,
芳意潛消又一春.
應爲價高人不問,
却緣香甚蝶難親.
紅英只稱生宮裏,
翠葉那堪染露塵.
及至移根上林苑,
王孫方恨買無因.

작품설명

《한시대계漢詩大系》에서는 이 시를 작자가 이억에게 버림받고 장안에 돌아와 함의관에 머물면서 녹교綠翹를 살해하기까지 그사이에 지은 것으로 보았다. 자신을 남아 있는 모란꽃에 비유하여 아름다움을 과시하고, 값이 비싸서 보통 사람들은 살 생각도 하지 않는다고 하였다. 그러나 향기가 진해서 나비가 근접하지 않는다 하였으니 이는 남자의 관심과 사랑을 받지 못하는 자신을 비유한 것이다. 결국 천자의 정원에 가

賣(매) | 팔다.
殘(잔) | 남다. 여기서는 뒤의 모란(명사)을 수식하는 형용사로 사용되어 "남은, 잔여"의 의미로 사용되었다.
牧丹(모란) | 모란.
臨風(임풍) | 바람을 대하다, 마주하다.
興歎(흥탄) | 탄식하다. 한숨을 쉬다.
落花(낙화) | 꽃이 떨어지다.
頻(빈) | 자꾸, 자주, 빈번히
芳意(방의) | 봄 기운, 아름다운 향기의 기운.
潛消(잠소) | 살며시 사라지다.
又(우) | 또.
一春(일춘) | 한 봄, 이 구절에서는 한철 봄이 가다(지나다)는 의미.
應(응) | 아마도, 추측을 나타내는 부사.
爲(위) | ~ 때문에.
價高(가고) | 가격이 높다.
人(인) | 사람들, 다른 사람들.
不問(불문) | 묻지 않다. 관심을 두지 않다.
却(각) | 도리어, 예상이나 기대 또는 일반적인 생각과는 반대되거나 다르게.
緣(연) | ~ 때문에.
香(향) | 향기.
甚(심) | 심하다, 지나치다.
蝶(접) | 나비, 모란꽃을 여성으로 본다면 나비는 남성을 암시한다.
難親(난친) | 가까이하기 어렵다. 난難은 ~하기 어렵다, 친親은 가까이하다.
紅英(홍영) | 붉은 꽃부리.
只(지) | 다만.
稱(칭) | 알맞다. 적합하다. 어울리다.

버리고 나면 그제야 귀공자들은 그 가치를 알고 사고 싶어 하지만 때는 이미 늦었다고 말한다. 고귀한 꽃을 통해 자신에 대한 강한 자긍심을 드러내면서 동시에 진한 고독감을 드러냈다. 모란은 당唐나라 사람들이 가장 귀애한 꽃이다.

生(생) | 자라다.
宮裏(궁리) | 궁궐 안, 궐내.
翠葉(취엽) | 푸른 잎.
那堪(나감) | 어찌 ~을 견디랴.
染(염) | 물들다.
露塵(노진) | 이슬과 티끌. 우로雨露(비와 이슬)와 풍진風塵(바람과 먼지)을 의미하며 험난한 세상길을 비유한다. 《명원시귀》와 《전당시》에서는 '노진路塵(길가의 먼지)'으로 되어 있는데, 앞 구절과 연관지어 본다면 노진露塵이 틀렸다고 할 수는 없다.
及至(급지) | 접속사로 ~에 이르러, ~ 때가 되어. 어떤 상황이 발생한 후에 사건의 변화가 일어남을 나타내며, '등도等到(dengdao, ~을 기다려서, ~한 다음에)'에 상당한다. 흔히 '비로소'라는 의미를 지닌 '방方', '재才'와 함께 쓰인다. 이 시에서는 다음 구절의 '방方(비로소, 그제야)'과 연계된다.
移根(이근) | 옮겨 심다. 이식하다.
上林苑(상림원) | 천자의 어원御苑을 일반적으로 상림원이라고 한다. 진秦나라 때 세워 한漢 무제武帝 때 증축하였다. 사마상여司馬相如의 〈상림부上林賦〉에서 이곳을 노래하였는데 옛터는 지금의 섬서성陝西省 서안시西安市 서쪽에서 주지周至, 호현戶縣에 이른다.
王孫(왕손) | 귀족 자제, 귀공자.
方(방) | 비로소, 그제야, 바로 앞 구절의 '급지及至'와 연계된다.
恨(한) | 후회하다, 한탄하다, 유감스러워하다.
買無因(매무인) | 살 수가 없다. 살 길이 없다. 살 기회가(인연이) 없다. 무인無因은 기회(인연)가 없다는 뜻.

이 학사께서 대자리를 부쳐 주신 것에 답하여
酬李學士寄簟

귀한 대자리를 비취 누각에 새로 깔았더니,
옥이 나는 깊고 맑은 물이 네모로 흘러가요.
오직 아마 구름 부채와 사정이 서로 비슷할테니,
함께 은침대를 향하여 이른 가을을 원망하지요.

珍簟新鋪翡翠樓,
泓澄玉水記方流.
唯應雲扇情相似,
同向銀牀恨早秋.

酬(수) | 답례로 지은 시.
李學士(이학사) | 성이 이씨인 학사. 학사學士는 학자와 문인에 대한 통칭이다.
寄(기) | 부치다.
簟(점)은 대자리, 대나무나 갈대로 엮은 깔개, 여름철에 쓰는 대자리.
珍簟(진점) | 귀한 대자리. 진珍은 진귀함.
新(신) | 새로.
鋪(포) | 깔다. 펴다.
翡翠樓(비취루) | 비취는 보석 이름이면서 또한 새 이름이기도 하다. 이 시에서는 건물의 빛깔을 가리킨다. 비취루는 초록빛으로 유칠을 한 누대로 여성이 사는 곳을 가리킨다.

작품설명

이 시의 제목은 《만수당인절구萬首唐人絶句》에서 〈수인기점酬人寄簟〉이라고 하였다. 이 학사가 보내온 대자리를 처음으로 깔아 보니 마치 옥이 나는 곳에 나타나는 맑은 물길이 흐르는 것 같다. 그러나 여름용 물건이라 여름날 부채처럼 가을바람이 불어 오면 필요 없게 될 터이니 이 돗자리가 부채와 함께 침대를 향해 근심하고 있다. 돗자리를 보내온 사람은 이 학사李學士인데 그가 누구인지는 알 수 없다. 팽지헌과 장일은 이 시의 이 학사를 이억李億으로 보았는데(彭志憲, 張燚 著, 《唐代女詩人魚玄機詩編年譯注》, 新疆大學出版社, 1995), 그러나 현존하는 그녀의 시에서는 '자안子安'이라는 호로 그를 불렀으며 이억을 학사로 불렀다는 근거는 없다. 《신당서》, 《구당서》에도 이억의 전기가 없고, 다른 책에도 기록이 없다. 어현기에 관한 기록에서 '이보궐李補闕'이라고 했을 뿐이고 한림학사가 되었다는 증거도 없다. 그래서 여기서 학사는 홍문관 학사로 추정해 볼 수도 있다. 홍문관 학사는 중앙부처 관리로서 직급이 5품 이상인 사람의 아들이라면 희망에 의해 될 수 있다. 이억의 부친이 고

泓澄(홍징) | 물이 맑은 모양. 홍泓은 물이 깊고 넓은 것을 말하고, 징澄은 물이 고요하고 맑은 것을 가리킨다.

玉水記方流(옥수기방류) | 옥이 나오는(생산되는) 곳의 물길은 직각의 흐름을 나타낸다. 옥수玉水는 옥이 나는 물, 방류方流는 직각으로 바뀌어 흐르는 물의 흐름을 말한다. 대나무의 마디를 자른 곳이 자연스러운 모양을 이루어 네모 대자리(작은 직사각형 조각을 바둑판처럼 마디마디 붙여 만든 중국산 대자리)가 마치 옥이 나는 곳의 물길이 직각으로 흐르는 것과 같다는 것을 형용한 것이다. 이 구절은 위진남북조 시대 송宋나라의 안연지顔延之의 시 〈왕태상에게贈王太常〉의 "옥이 나는 물은 네모 물길로 나타나고, 구슬이 나는 물은 둥글게 꺾이어 나타난다. (玉水記方流, 璇源載圓折.)"에서 나왔다. 이선李善의 주석에 의하면 "《시자尸子》에서 말하길, 무릇 물은 네모로 꺾이면 옥이 있고, 둥글게 꺾이면 구슬이 있다.(《尸子》曰 : '凡水, 其方折者有玉, 其圓折者有珠也.)" 이 시에서 '기記'는 안연지의 시의 두 번째 구절의 '재載'와 결합되어 '기재記載하다' 즉 적는다, 기호로 나타내다, 표시하다, 드러내다는 의미로 쓰였다.

唯(유) | 오직.

급관리였다면 이억은 홍문관학사였을 수도 있기 때문에 어현기가 이억을 이학사로 부를 수도 있다. 그런데 어현기는 연석에 나가지 않고 이억과 함께 정분을 나누었으니 그렇다면 이 작품은 어현기가 이억의 첩이 되기 전에 지은 작품 가운데 비교적 초기의 작품으로 볼 수도 있다. 만약 이렇게 가정한다면 이 시의 제3, 4구가 묘하게 독자의 가슴을 울려 주는 부분이 있다. 즉 그녀가 이억의 첩이 되기 전에 이억에게 여름 대자리를 선물받았으니 이 대자리는 날씨가 선선해지면 부채와 똑같이 버려지는 운명에 처하게 되므로 그녀 역시도 이억에게는 이 대자리처럼 여름철 한때가 지나면 버림받는 신세가 되리라는 운명의 예감이다. 그러나 이 시의 이학사를 이억으로 보는 것은 순전히 추정일 뿐이다.

종성은《명원시귀》에서 이 시에 대해 "절구가 이처럼 깊게 생각하게 하니 진정으로 재치 있는 생각을 하는 사람이 아니라면 새겨 낼 수 없다. 설령 새겨 낼 수 있더라도 음향이 맑고 우렁찰 수 없고 이랬다저랬다하며 이해하기 어려우면 또한 사람으로 하여금 후련하게 할 수 없어서 새기지 않는 것만 못하다. 이는 그 도가 얕고 깊고 숨기고 드러내는

應(응) | 아마, 아마도. 짐작을 나타내는 말을 쓸 때 사용한다.

雲扇(운선) | 구름 부채, 구름에는 깊은 뜻이 없다. 가벼운 부채 정도의 의미이다. 선扇은 숙宿이라고 된 곳도 있다. 한漢 성제成帝 때 반첩여班婕妤가 가을이면 버려지는 부채(가을부채, 추선秋扇)라는 표현을 통해 임금의 총애를 잃은 뒤 자신의 신세를 비유한 시를 지은 바 있다.

情相似(정상사) | 사정(정황)이 서로 비슷하다. 부채와 대자리는 모두 가을이 되면 쓸모가 없게 되니 똑같이 버려지는 한이 있음을 말한다. 여인의 버림받음을 비유한다. 정情은 여기서 사정, 정황을 뜻한다.

同(동) | 함께.

向(향) | ~을 향하여.

銀牀(은상) | 은 침대, 은이라는 글자에는 깊은 뜻이 없다. 은으로 장식한 고급 침대를 말한다.

恨(한) | 원망하다. 한하다.

早秋(조추) | 초가을, 이른 가을.

사이에 있어 특히 빼어난 기운을 띠고 있어야 할 따름이다.絶句如此奥思, 非眞正有才情人, 未能刻劃得出. 卽刻劃得出, 而音響不能爽亮, 輾轉費解, 則亦使人不能豁然, 則不如不刻劃也. 此其道在淺深隱顯之間, 尤須帶有秀氣耳."라고 하였다.

연애편지를 이자안 보궐님께
情書寄李子安 補闕

얼음물 마시고 움 먹으며 공 없음에 뜻을 두건만
진수와 호관산이 꿈속에 있어요.
진나라 거울을 나누려다 떨어지는 까치를 근심하고,
순임금 거문고 타려다가 날아가는 기러기 원망해요.
우물가 오동잎은 가을 비에 울부짖고,
창 아래 은등잔은 새벽 바람에 어두워요.
서신은 감감, 어느 곳에다 물어야 할지,
낚싯대 잡고 온종일, 맑은 강은 비었어요.

飮冰食蘗志無功,
晉水壺關在夢中.
秦鏡欲分愁墮鵲,
舜琴將弄怨飛鴻.
井邊桐葉鳴秋雨,
窗下銀燈暗曉風.
書信茫茫何處問,
持竿盡日碧江空.

작품설명

《명원시귀》에는 이 시의 제목이 〈정서기자안情書寄子安〉이라고 되어 있고, 《전당시》에서는 제목 밑에 '보궐補闕'이라는 두 글자가 없고, '정서情書' 아래에 '서정書情'이라고도 하였다고 적고 있다. 이자안은 보궐 이억李億으로 어현기는 한때 그의 첩이었다. 이 시는 어현기가 사랑하는 남자 이자안에게 보내는 편지시이다. 제1구는 두 가지 해석 모두 가능하다.(주석 참조) 첫 번째 의미로 본다면 여도사로서 도교적 삶을 추구하는 것으로 즉 얼음을 마시고 움을 먹으며 청정하고 텅 빈 삶을 살려고 하지만 그러나 진수와 호관(이억과 함께 연애하던 곳)이 꿈속에 나타난다.

情書(정서) | 연애편지.

寄(기) | 보내다.

李子安(이자안) | 이억李億, 자는 자안子安, 산서山西 진성인晋城人이다. 선종宣宗 대중大中 12년(858)에 장원급제를 한 뒤 보궐(관직명, 종칠품상從七品上)이라는 관직을 지냈다. 어현기는 한때 그의 첩이 되었다. 이름을 부르지 않고 자字로 부른 것은 상대방에 대한 겸양과 존경을 표시한 것이다.

飮冰食蘗(음빙식얼) | 얼음물을 마시고 맛이 쓴 움을 먹다. 음빙식얼은 두 가지 의미를 지니고 있다. 첫째는 도가생활의 청빈함을 나타내는데, 일반적으로 생활의 청렴함과 사람됨이 맑고 깨끗함을 비유한다. 백거이白居易의 시 〈삼 년 동안 자사로 있으면서三年爲刺史〉에 "삼 년 동안 자사로 있으면서, 얼음물을 마시고 다시 움을 먹었지.三年爲刺史, 飮氷復食蘗."라는 표현이 있다. 음빙여얼飮冰茹蘗이라고도 한다. 두 번째는 절개를 지키고 뜻을 밝힌다는 맹서이다. 절개 있는 여인을 칭할 때 이 말을 사용하였다. 진문화는 두 번째의 의미로 보았는데, 두 가지 의미 모두 가능한 해석이다.

志無功(지무공) | 공이 없는 것에 뜻을 두다. 지志는 뜻을 두다. 무공無功은 공로가 없다. 지무공志無功 역시 앞의 음빙식얼飮冰食蘗과 마찬가지로 두 가지 의미로 볼 수 있다. 첫째는 도가철학을 가리키는 것으로 공로를 내세우지 않는다는 것은 도가의 철학이며, 여기서는 여도사의 지향을 나타내는 것으로 읽을 수 있다. 《장자莊子, 소요유逍遙遊》에 "지인은 자기가 없고, 신인은 공이 없으며, 성인은 이름이 없다.至人無己, 神人無功, 聖人無名."라는 말이 있는데 신인神人은 신선神仙과 같으며 고대의 도교道敎와 방사方士의 이상 속의 인물로 소위 득도得道를 하여 장생불사長生不死하는 사람을 가리킨다. 두 번째는 부덕婦德을 지킨다는 의미이다. 진문화는 《한비자韓非子, 해로解老》의 "단단하지 않으면 공이 없고, 공이 없음은 덕이 있음에서 생긴다.不固則無功, 無功則生有德."를 인용하여 이곳에서 '무공'은 공이 있음을 구하지 않고 다만 부덕을 지키는 것을 의미한다고 하였다. 앞의 음빙식얼의 경우와 마찬가지로 지무공志無功은 두 가지 해석 모두 가능하다.

즉 여도사로서의 삶을 살려고 하지만 당신에 대한 연정을 잊지 못한다는 의미로 읽을 수 있다. 이 구절은 동시대의 황보매皇甫枚가《삼수소독三水小牘》에서 어현기를 묘사하면서 "열여섯 살에 청허淸虛에 뜻을 두고 동경하였다.破瓜之歲, 志慕淸虛"라고 한 구절이 연상된다. '청허'란 맑고 깨끗하고 텅 비어 없음(청정허무淸淨虛無)의 상태를 가리킨다. 이것은 그녀가 도사에 뜻을 두었건만 마음은 연정에 사로잡혀 있다는 것으로 당시 그녀의 심정과 일치한다. 진문화의 해석처럼 두 번째의 의미로 본다면 오직 당신을 사랑하는 여인으로서 절개를 지키며 당신과 함께 지냈던 그곳이 여전히 간절하게 꿈속에 있다는 뜻이다. 두 가지 해석 모두 가능한데, 본서는 첫 번째의 의미로 풀어 보았다. 이별을 앞 둔 시인은 신표의 거울을 나누고자 하지만 그가 배신할까 근심스럽기만 하다. 송별하며 거문고로 송별곡을 연주하고자 하지만, 저 떠나는 기러기와 같은 그가 원망스럽기만 하다. 우물가에 심어 놓은 오동나무 잎이 가을비에 떨어지는 소리가 들리고, 창가에 있는 촛대의 등불은 새벽이 가까 워오

晉水壺關(진수호관) | 진수晉水는 산서성山西省을 흘러 들어가는 강으로 끝자락은 황하로 합류된다. 호관壺關은 호관산壺關山으로 산서성 장치현長治縣의 호구산壺口山을 말한다. 진수와 호관은 산서山西 일대를 두루 칭한 것이다. 어현기는 이억을 따라 산서지방을 간 적이 있으므로 이 시에서 진수, 호관은 그때의 사랑의 감정을 의미할 수 있다. 아니면 이억이 지금 진수와 호관 지역에 있을 수도 있다.

在夢中(재몽중) | 꿈속에 있다.

秦鏡欲分愁墮鵲(진경욕분수타작) | 진경秦鏡은 진시황의 거울. 《서경잡기西京雜記》에 의하면 진시황은 인간의 창자와 위장 등 오장을 비춰 볼 수 있는 거울을 가지고 여자의 사악한 마음을 보았다고 한다. 마음의 깊은 곳을 비춰 볼 수 있는 거울이라는 뜻이다. 또한 《신이경神異經》에 의하면 옛날에 어떤 부부가 헤어지면서 거울을 깨뜨려 각자 신표로 삼았는데 그 아내가 갑자기 다른 사람과 정을 통하자 그 거울이 까치로 변하여 남편 앞으로 날아와 남편이 그 사실을 알게 되었다고 한다. 그 후 사람들이 거울을 만들 때 까치를 새겨 넣었다고 한다. 이 구절은 이 두 고사와 모두 관련되는데, 헤어지면서 신표의 거울을 나누고자 하지만 상대가 배신할까 근심스럽다는 뜻으로 풀이된다. '욕분欲分'은 나누려고 하다라는 뜻으로 아직은 거울을 나누지 않았다는 뜻, 즉 아직 이별을 고하지 않았다는 의미이다. 이 구절은 곧 있을 이별을 근심한 것이다.

자, 다 타들어간다. 그를 향한 그리움은 이토록 깊은데 그는 편지 한 장 보내오지 않으니 시인은 날마다 낚싯대를 드리우고 편지를 담아 올 고기를 기다린다. 그러나 푸른 강은 비어 있다. 강이 비었다(空)는 것은 물고기가 없다는 것이고, 물고기가 없다는 것은 소식이 없다는 것을 의미한다.

이 작품은 산서山西 지방을 여행하고 장안長安으로 돌아온 그녀가 곧 뒤를 쫓아 장안으로 돌아온다고 한 이억이 돌아오지 않아 그리움에 지쳐 지은 작품으로 보기도 한다. 이 시에 나오는 '진수'와 '호관'이라는 두 마디가 어현기의 산서행을 연상시키기 때문이다. 제3, 4구의 '욕분欲分'이나 '장농將弄'이라는 표현을 보면 아직 완전히 이별한 것은 아니며 잠시 이별한 상태에서 소식을 기다리고 있는 것으로 볼 수 있다. 종성은 《명원시귀》에서 이 시에 대해 "감정을 따라 화려하며, 일로 하여금

舜琴將弄怨飛鴻(순금장농원비홍) | 《예기禮記, 악기樂記》에 의하면 옛날에 순임금이 오현五弦의 거문고를 만들어 〈남풍南風〉이라는 시를 연주했다는 말이 있는데 여기서 '순금舜琴'의 '순舜'은 앞 구절의 '진경秦鏡'과 대구를 이루기 위한 것으로 다른 뜻은 없다. 또한 혜강嵇康의 〈수재가 군입대를 하기에 보냄贈秀才入軍〉이라는 시에 "눈으로 돌아가는 기러기를 보내고/손으로 오현을 연주하네.目送歸鴻, 手揮五弦."라는 구절이 있는 것으로 보아 이 구절은 거문고를 퉁기며 날아가는 기러기를 원망한다는 뜻이다. 여기서 날아가는 기러기는 떠나가는 자이고, 송별을 내포한다. '농弄'은 거문고를 타다는 뜻이다. '장농將弄'은 막 연주하려던 참이라는 뜻으로 아직 연주하지 않았다는 뜻, 즉 아직 송별곡을 타지 않았다는 의미이다. 따라서 이 구절은 곧 송별을 하려 하니 떠나가는 그대가 원망스럽다는 뜻이다.

井邊(정변) | 우물가.

桐葉(동엽) | 오동나무 잎.

鳴(명) | 울다.

秋雨(추우) | 가을비.

窗下(창하) | 창 아래.

銀燈(은등) | 은 등잔.

暗(암) | 어둡다.

曉風(효풍) | 새벽 바람.

書信(서신) | 서신, 소식.

대단히 곱게 움직일 수 있게 하였다. 이것은 이상은이 잘 할 수 있었는데 어현기가 그와 짝할 만하다.緣情綺靡, 使事偏能豔動. 此李義山能爲之, 而玄機可與之匹."라고 평하였다.

茫茫(망망) | 감감하다. 아득히 보이지 않는 것. 여기서는 소식이나 연락이 전혀 없는 상태를 가리킨다.

何處(하처) | 어느 곳.

問(문) | 묻다.

持竿(지간) | 낚싯대를 잡다. 즉 낚시를 한다는 뜻. '간竿'은 낚싯대. 고대 중국인들은 물고기가 편지를 전할 수 있다고 믿었기 때문에 낚싯대를 잡고 있다는 것은 소식을 기다린다는 뜻이다.

盡日(진일) | 온종일, 하루 종일.

벽강(碧江) | 맑은 물이 흐르는 강.

空(공) | 비다. 강이 비었다는 것은 물고기(소식)가 없다는 의미.

규방의 원망
閨怨

천궁을 한 웅큼 쥐고 석양에 흐느끼는데,
듣자니 이웃집 지아비 돌아왔다 하네요.
이별하던 날 남쪽 기러기 방금 북쪽으로 떠났는데,
오늘 아침에 북쪽 기러기 다시 남쪽으로 날아가요.
봄이 오고 가을 가도 그리움 남았는데,
가을 가고 봄이 와도 소식은 드무네요.
빗장 잠긴 붉은 문에 사람은 이르지 않건만,
다듬이소리 어째서 비단 휘장 뚫고 들어오나요.

蘼蕪盈手泣斜暉,
聞道鄰家夫婿歸.
別日南鴻纔北去,
今朝北雁又南飛.
春來秋去相思在,
秋去春來信息稀.
扃閉朱門人不到,
砧聲何事透羅幃.

작품설명

이 시의 처음 두 글자는 천궁(미무薇蕪)이다. 천궁이 주는 시적 연상은 남편에게 버림받은 여인이다. 〈산에 올라 천궁을 캐네上山採薇蕪〉라는 시에는 버림받은 아내가 산에서 천궁을 캐고 내려오다가 전 남편을 만나 그에게서 지금의 아내가 전처만은 못하다는 말을 듣는 내용이 나온다. 이 시에 나오는 여인처럼 시인은 남편 이억에게서 버림받은 몸이다. 그러나 그녀와는 달리 천궁을 가득 캐어 보아도 내려오는 길에 남편을 만나지는 못했다. 손 가득 천궁을 쥐고 있다는 것은 시간의 경과를 말하며 석양이 되도록 남편을 만나지 못한 이 여인은 석양을 등지고 통곡한다. 울고 있던 이 여인을 더 서럽게 하는 것은 이웃집의 남편이 돌아왔다는 소식이다. 그녀가 남편과 이별한 것은 봄 무렵이었다. 그런데 지금 북쪽으로 날아갔던 기러기가 이제 남쪽으로 돌아오는 가을이 되었다.

閨怨(규원) | 규방의 원망.

蘼蕪(미무) | 천궁. 향초의 일종. 이 풀이 떠올리게 하는 것은 한대漢代의 고시 〈산에 올라 천궁을 캐네上山採蘼蕪〉이다. 이 작품에는 남편에게 버림받은 여인이 산에 올라가 천궁을 캐다가 산을 내려오면서 옛 남편을 만나 새 아내가 어떠한지 물어보는데 옛 남편이 새 아내도 좋지만 그래도 전처만 못하다고 대답하는 내용이 나온다.

盈手(영수) | 손 가득, 한 웅큼.

泣(읍) | 흐느끼다. 소리 없이 눈물을 흘리거나 낮은 소리로 울다.

斜暉(사휘) | 저녁 햇빛, 석양.

聞道(문도) | 듣자(하)니. 듣건대. 들은 바로는(~라고 한다).

隣家(인가) | 이웃집.

夫婿(부서) | 지아비, 남편.

歸(귀) | 돌아오다.

別日(별일) | 이별하던 날, 헤어지던 날.

鴻(홍) | 큰 기러기, 다음 구절에 나오는 '안雁'은 작은 기러기. 기러기는 철새로 북방에 있던 기러기는 가을에 남방으로 가서 겨울을 지내고, 남방에 있던 기러기는 봄에 다시 북방으로 돌아간다. 이 시에 나오는 남홍북거南鴻北去와 북안남비北雁南飛는 철새의 이동을 통해 계절의 변화를 나타낸 것이다. 즉 기러기가 북쪽으로 간다(북거北去)는 것은 그 지역이 따뜻한 봄이 되었다는 것이고, 남쪽으로 날아간다(남비南飛)는 것은 그 지역이 가을이 되었다는 것이다.

纔(재) | 방금, 막.

문빗장에 기대어 남편이 돌아오길 기다려 보아도 이웃집 남편이 돌아왔다는 말만 들릴 뿐, 그녀의 남편은 소식이 없고, 저 멀리 남편이 입을 옷을 준비하는 여인의 다듬이 소리만이 쓸쓸한 휘장 속을 뚫고 들어와 고독한 이 여인의 가슴에 비수를 꽂는다. 이 시는 제3, 4구절에서 계절을 암시하고 제5, 6구에서 구체적인 계절을 나타내면서 나의 그리움과 상대방의 소식이 각각 재在와 희稀로 뚜렷이 대조되어 시인의 감정을 분명히 드러내고 있다. 율시의 구성이 조밀하고 치밀한 안배를 통해 사랑에 빠진 여인의 격정이 잘 드러나 있다. 이 점은 담백한 시풍의 설도薛濤의 시세계와 뚜렷이 대조된다. 마지막 구절의 하사何事 이하 다섯 글자는 이백李白의 시 〈봄날의 그리움春思〉의 "봄바람은 나와 알지도 못하는데, 어찌 비단 휘장에 들어오는가?春風不相識, 何事入羅幃?"와 유사하다. 버림받은 여인의 강렬한 원망과 연정이 느껴지는 시이다.

今朝(금조) | 오늘 아침.
又(우) | 또.
春來(춘래) | 봄이 오다.
秋去(추거) | 가을이 가다.
相思(상사) | 사모하는 것. '상相'이라는 글자가 있지만 반드시 양쪽에서 서로 좋아한다는 것은 아니고 한 쪽에서 상대를 사모하는 의미로 쓰는 경우가 많다.
在(재) | 남아 있다.
信息(신식) | 소식.
稀(희) | 드물다. 희소하다. 위의 '재在'와 대비된다.
扃(경) | 빗장.
閉(폐) | 잠그다, 닫다.
朱門(주문) | 신분이 높은 저택의 문은 붉은색으로 칠했기 때문에 귀족의 의미로 사용되기도 하지만 여기서는 다만 문이라는 뜻으로 사용되었다.
人(인) | 사람. 이 시에서는 시인이 기다리는 사람.
不到(부도) | 이르지 않다.
砧聲(침성) | 다듬이소리. 고대 여인들은 항상 가을밤에 멀리 떠나는 남편을 위해 겨울옷을 준비했다. 그래서 시인들은 가을밤에 들리는 다듬이소리로 처량한 심경을 나타냈다.
何事(하사) | 어째서, 왜.
透(투) | 뚫고 들어오다. 통과하다.
羅幃(나위) | 비단 휘장.

춘정을 자안님께
春情寄子安

산길은 비탈져서 돌비탈길 위태로운데,
가는 괴로움 근심 않고 그리움만 괴롭네요.
얼음 녹은 깊은 산골시내에서 맑은 소리 사랑하고,
흰눈 깊은 겨울 산봉우리에서 멋진 자태 떠올려요.
대중가요 들으면서 봄날 술병에 걸리지 마시고,
하릴없는 손님 불러 밤새 장기를 탐하지 마셔요.
소나무처럼, 구르는 돌이 아닌 맹서는 길이 남았으니,
비익조처럼 옷깃 잇닿는 만남이 설마 늦어지겠어요?
비록 입춘 날 홀로 가는 것이 한스럽지만,
결국 달이 둥글 때 서로 만날 것을 기약하지요.
그대와 이별한 뒤 무슨 물건을 갖다 드릴 수 있을지,
눈물이 맑은 빛 속에 떨어져 한 수의 시가 되었어요.

山路攲斜石磴危,
不愁行苦苦相思.
冰銷遠磵憐清韻,
雪遠寒峰想玉姿.
莫聽凡歌春病酒,
休招閑客夜貪碁.
如松匪石盟長在,

比翼連襟會肯遲.
雖恨獨行冬盡日,
終期相見月圓時.
別君何物堪持贈,
淚落晴光一首詩.

春情(춘정) | 춘정, 남녀 간의 연애 감정.
寄(기) | 보내다.
子安(자안) | 어현기의 남편인 이억李億의 자.
山路(산로) | 산 길.
攲斜(기사) | 급경사.
石磴(석등) | 돌길, 돌이 있는 비탈길.
危(위) | 위태롭다.
不愁(불수) | 근심하지 않다.
行苦(행고) | (길을) 가는 괴로움.
苦(고) | 괴로워하다.
相思(상사) | 사모하는 마음.
冰銷(빙소) | 얼음이 녹다.
遠(원) | 깊다.
磵(간) | 산골짜기 시내(개울)라는 뜻이다. 간澗과 마찬가지이다.
憐(련) | 사랑하다. 어여삐 여기다.
淸韻(청운) | 맑고 고운 소리.
雪遠(설원) | 눈이 깊다. 눈이 깊이 쌓이다.
寒峰(한봉) | 겨울 산봉우리.
想(상) | 생각하다. 그리워하다.
玉姿(옥자) | 멋진 자태, 옥같이 아름다운 자태.

작품설명

이 시에 담긴 시인의 마음을 풀어 적으면 다음과 같다. "험한 산길을 걷는 것이 괴롭다고 하지만 당신을 그리워하는 내 맘이 더 괴롭습니다. 당신을 향한 사랑과 믿음은 철석같사옵니다. 눈물로 엮은 시를 한 수 적어 보내드리오니, 슬픈 여심을 헤아려 주세요." 이 시는 이억과 헤어진 뒤 그에 대한 절절한 그리움을 노래하고 있는 것 같다.

이 시는 칠언배율시인데 명대明代 호응린胡應麟은《시수詩藪》에서 이 시에 대해 높은 평가를 내려 "내가 송대宋代의 칠언배율을 살펴보았는데

莫(막) | ~하지 마라, ~해서는 안 된다.
聽(청) | 듣다.
凡歌(범가) | 평범하고 속된 가요. 대중가요.
春(춘) | 봄날, 봄.
病酒(병주) | 술병에 걸리다. 술병이 나다. 술을 너무 마셔서 병이 나다.
休(휴) | ~하지 마라, ~해서는 안 된다. 위의 '막莫'과 같다.
招(초) | 부르다. 불러들이다.
閑客(한객) | 하릴없는 손님.
夜(야) | 밤.
貪(탐) | 탐하다.
碁(기) | 장기, 바둑.
如松(여송) | 소나무처럼 변하지 않는 믿음. 소나무는 계절이 지나도 색깔이 변하지 않고 언제나 푸르름을 유지하기 때문에 굳은 믿음을 나타낸다.
匪石(비석) | 돌이 아니다.《시경詩經》의 〈잣나무 배柏舟〉에 "내 마음은 돌이 아니어서, 구를 수 없어요我心匪石, 不可轉也"라는 표현이 나오는데, 돌은 구를 수 있지만 내 마음은 구를 수 없다는 것으로 의지가 견고함을 비유한다.
盟(맹) | 맹서.
長(장) | 길이, 오래도록.
在(재) | 남아 있다. 그대로 있다.
比翼(비익) | 비익조, 새 이름. 자웅이 한 눈, 한 날개로 두 마리가 서로 나란히 해야 비로소 날 수 있다고 한다. 부부가 사이가 좋아 그림자처럼 따라다니는 것을 비유할 때 많이 쓴다.
連襟(연금) | 옷깃이 서로 잇닿다. 사람이 비익조처럼 옷깃이 서로 잇닿는 것을 가리킨다. 이 말은 서로 마음을 알고 있음을 가리키는 데 쓰며, 이때 금襟은 흉금을 가리키기도 한다.
會(회) | 만남.

끝내 하나도 가작이 없다. 당대唐代에 오직 여자 어현기의 창화시 두 편이 뽑을 만하고, 모두 또한 미치지 못한다. 시견오施肩吾의 백 편은 두 작품 아래에 있다.余考宋七言排律遂亡一佳, 唐惟女子魚玄機酬唱二篇可選. 諸亦不及云. 施肩吾百韻在二作下."라고 하였다.

肯(긍) | 어찌, 설마. 반문을 나타내는 부사로 '기豈(어찌, 설마)'와 같다. 진문화는 '긍지肯遲'를 "기긍지豈肯遲(설마 늦어지겠는가?)"로 읽어야 하고 이 구의 의미는 그대와 서로 만나 비익조처럼 옷깃이 닿는 시기가 반드시 늦어지지 않을 것이라고 보았다.(陳文華, 《唐女詩人集三種》, 上海古籍出版社, 1984, p. 105 참조)

遲(지) | 늦다. 더디다. 지遲와 같다.

雖(수) | 비록.

恨(한) | 한스럽다.

獨行(독행) | 홀로 가다.

冬盡日(동진일) | 겨울이 끝나는 날, 입춘일. 음력으로 입동立冬부터 입춘立春까지가 겨울(冬)이고, 겨울이 끝나는 날은 바로 음력 입춘일을 말한다. 양력으로는 2월 4일 혹은 5일 정도 된다.

終(종) | 결국, 끝내.

期(기) | 기약하다. 약속하다.

相見(상견) | 서로 만나다.

月圓時(월원시) | 달이 둥글어지는 때. 음력 8월 15일 중추절을 가리킨다.

別(별) | 이별하다.

君(군) | 그대.

何物(하물) | 무슨(어떠한) 물건.

堪(감) | ~할 수 있다. ~할 만하다.

持贈(지증) | 갖다 드리다. 가져다주다.

淚落(루락) | 눈물이 떨어지다.

晴光(청광) | 맑은 햇빛 혹은 달빛.

一首詩(일수시) | 한 수의 시.

공놀이를 보고 짓다
打毬作

단단하고 둥글고 깨끗하고 미끄럽게 별 하나가 흐르니,
달모양의 채가 다투어 두드리며 그만두려 하지 않구요.
막히고 거리낌이 없을 때에는 멋대로 퉁겨대고,
가리고 저지함이 있는 곳에는 마음껏 잡아두죠.
빙빙 도는 것을 마다 않고 언제나 손을 따르며,
도리어 그것을 이끌고 끝까지 못갈까 걱정해요.
결국 골문에 들어가야 비로소 끝이 날 것이니,
바라건대 그대께서 선취득점을 쟁취하시와요.

堅圓淨滑一星流,
月杖爭敲未擬休.
無滯礙時從撥弄,
有遮攔處任鉤留.
不辭宛轉長隨手,
却恐相將不到頭.
畢竟入門應始了,
願君爭取最前籌.

작품설명

당대唐代의 공놀이를 생동감 있게 그린 작품이다. 타구打毬는 말을 타고 막대기로 공을 쳐서 구멍에 넣는 경기로 보고 있다. 단단하게 구르는 공이 유성을 생각나게 한다. 격구놀이의 역동적 장면이 세밀하게 묘사되어 현장감이 느껴진다. 공놀이는 공채로 공을 쳐서 골인을 시키는 기술이 핵심이다. 이 시는 전체적으로 공채를 주체로 공채가 공을 치며 게임이 진행되는 상황을 묘사하고 있다. 제1구에서는 공놀이의 주요 핵심인 공의 형상을 묘사하고 있고, 제2구부터는 공놀이의 핵심 도구인 공채가 주체로 전면에 등장한다. 제3구와 제4구에서는 공채가 공을 갖고 솜씨를 부리는 특정의 시간(時)과 공간(處)을 그리고 있다. 제5구와 제6구에서는 공채의 역할과 미덕을 보여 주는데, 공채가 선수의 손을 따라다니며 공을 이끌고 끝까지 가지 못할까 걱정한다. 마지막 제7구와 8구에서는 골인을 시켜야 공채의 역할이 끝나며 그대(공채의 입장에서는

打毬(타구) | 공놀이. 말 위에서 공을 치고 노는 놀이로 페르시아에서 발원하여 당唐나라 태종太宗 때 중국에 들어와 당시 장안長安에서 성행하였다. 이 경기는 본래 주로 말 위에서 하지만 당대唐代 장안에서는 걸어가며 치기도 하였다. 두 팀으로 나누어 채를 잡고 공을 넣는 경기이다. 채의 길이는 여러 자(척尺)이고 그 끝은 반달 모양으로 되어 있으며 두 팀이 공 하나를 쳐서 구장의 남쪽에 세워 놓은 골대에 먼저 넣는 팀이 이기며 이것을 '두주頭籌'라고 하였다.

作(작) | 짓다, 창작하다. 여기서는 (공놀이를 보고) 짓다.

堅圓淨滑(견원정활) | 공의 상태를 말하는 것으로 단단하고 둥글고 깨끗하고 미끌미끌한 것을 말한다.

一星流(일성류) | 별 하나가 흐르다. '일성一星'은 한 개의 별, '유流'는 (정처없이) 떠돌아다니다는 뜻이다. '성류星流'는 유성流星처럼 날아가다는 뜻으로 쓰이며 신속함을 형용한다. 따라서 이 구절은 공이 빠르게 돌아다니는 모습을 형용한 것이다.

月杖(월장) | 채, 공을 치는 채, '월장月仗'이라고도 한다. 고대 중국의 마구馬球 놀이에서 공을 칠 때 사용하는 도구이다. 길이는 여러 자(척尺)가 되고, 머리 부분이 달(반달)처럼 생겨서 '월장月杖'이라고 불렀다.

爭(쟁) | 다투다.

敲(고) | 두드리다.

未(미) | 아직 ~하지 않다.

擬(의) | ~하려 하다, ~할 예정이다.

休(휴) | 그만두다. 멈추다.

공채의 주인)가 선취득점을 얻기를 바란다고 하였다. 마지막 두 구절은 시인의 말로 시인의 입장에서 자신이 좋아하는 사람이 선취득점을 얻기를 바란다는 것으로 해석할 수도 있겠다. 전체적으로 공채를 의인화하여 공놀이의 과정을 생동감 있게 묘사하고 있다.

無(무) | ~이 없다.
滯礙(체애) | 막히고 걸리다.
時(시) | 때.
從(종) | 멋대로, 하고 싶은 대로.
撥弄(발농) | 튕기다.
有(유) | 있다. 위 구절의 '무無'에 대응된다.
遮欄(차란) | 가리고 저지하다.
處(처) | 곳. 위 구절의 '시時'에 대응된다.
任(임) | 마음껏, 마음대로.
鉤留(구류) | 갈고리로 걸어 붙잡다.
不辭(불사) | 마다하지 않다
宛轉(완전) | 빙글빙글 돌다.
長(장) | 늘, 항상.
隨手(수수) | 손을 따르다.
却(각) | 도리어, 오히려.
恐(공) 염려하다, 걱정하다.
相將(상장) | 그것을 이끌고. 공채가 그것(공)을 이끌고. '장將'은 이끌다는 뜻이고, '상相'은 동사의 앞에 쓰여 상대방에게 행하는 동작이 있음을 나타낼 때 사용하는 부사로 굳이 해석하지 않아도 된다. 相(상)은 부사이면서 동시에 지시대명사 역할을 하여 그대, 그, 그것으로도 해석하기도 한다. 여기에서는 그것(공)으로 볼 수 있다.
不(불) | 못하다.
到頭(불도두) | 맨 끝에 이르다. 끝까지 가다.
畢竟(필경) | 결국, 끝내, 필경.
入門(입문) | 공이 골대 안으로 들어가다.
應(응) | 아마도.
始(시) | 비로소.
了(료) | 끝나다, 마무리되다.
願(원) | 바라다.
君(군) | 그대.
爭取(쟁취) | 쟁취하다.
籌(주) | 산算가지, 수효를 셈하는 데에 쓰던 막대기. 이 시에서는 득점을 나타내는 산가지를 가리킨다. 공을 쳐서 골문에 넣는 것을 '득주得籌'라고 하였다. 따라서 '최전주最前籌'는 맨 앞의 산가지 즉 선취득점으로 풀이하면 되겠다.

늦봄에 느낀 바 있어 친구에게 보냄
暮春有感寄友人

앵무새 지저귐이 남아 있는 꿈 놀래기에,
가볍게 단장하며 눈물 어린 얼굴 고쳤네.
대나무 그늘 속에 초승달은 희미하고,
강물은 고요하고 저녁 연기 진하다네.
젖은 부리는 진흙 머금은 제비이고,
향기 수염은 꽃술 캐는 꿀벌이네.
유독 끝없는 그리움만 사랑하여,
낮은 가지 소나무에서 읊조림 마치네.

鶯語驚殘夢,
輕粧改淚容.
竹陰初月薄,
江靜晩煙濃.
濕觜啣泥燕,
香鬚採蘂蜂.
獨憐無限思,
吟罷亞枝松.

暮春(모춘) | 늦봄.
有感(유감) | 느낀 바 있다.
寄(기) | 보내다.
友人(우인) | 친구.
鶯語(앵어) | 앵무새 우는 소리.
驚(경) | 놀라게 하다. 놀래다.
殘夢(잔몽) | 남아 있는 꿈, 아직 다 꾸지 않은 꿈.
輕妝(경장) | 가볍게, 소박하게 단장하다. 여인이 단장할 때 귀금속 장식품으로 꾸미지 않고 색조 화장 등을 하지 않는 것을 말한다.
改(개) | 고치다.
淚容(루용) | 눈물 어린 얼굴.
竹陰(죽음) | 대나무 그늘.
初月(초월) | 초승달.
薄(박) | 맑고 엷다.
江(강) | 강.
靜(정) | 고요하다.
晩(만) | 저녁.
煙(연) | 연기.
濃(농) | 짙다. 진하다.
溼觜(습자) | 제비가 진흙을 입에 물어서 입이 젖었다는 뜻.
啣(함) | 머금다. 함銜의 속자.
泥(니) | 진흙.
燕(연) | 제비.
香鬚(향수) | 향기 수염, 향기로운 수염. 벌이 꽃을 따므로 수염이 향기롭다고 하였다.
採(채) | 따다. 캐다.
蘂(예) | 꽃술.
蜂(봉) | 벌.
獨憐(독련) | 유독 아끼다.
無限(무한) | 끝이 없다. 무한하다. 한도가 없다. 그지없다.
思(사) | 그리움.
吟罷(음파) | 읊조림을 마치다.

작품설명

이 시는 늦봄에 느낀 바가 있어 친구에게 부친 것이다. 본문의 강江이라는 글자에 주목한다면 이 시는 어현기가 이억에게 버림받은 뒤 양자강이 흐르는 악주鄂州에서 머물던 늦봄에 지은 것으로 볼 수 있다. 경물 묘사가 대단히 세밀하고 예술적 특색이 있다. 이 시에서 늦봄의 고독이 진하게 풍기는 곳은 후반부 네 구이다. 시인은 제5구와 제6구에서 제비와 벌꿀의 달콤한 정경을 그려 냄으로써 이어지는 제7, 8구의 고독감을 선명하게 증폭시키고 있다. 종성은 이 시에 대해 《명원시귀》에서 "이 시는 전체적으로 탄탄하고 고와서 군더더기를 손볼 필요가 없으니 설령 유문방劉文房과 노윤언盧允言의 무리라 하더라도 쉬이 미치지 못한다.全首穩麗, 不須裁贅, 卽劉文房, 盧允言輩亦未易臻也."라고 높이 평하였다.

亞枝松(아지송) | 낮은 가지의 소나무. '아亞'에 대한 해석에 따라 풀이가 달라진다. '아지송亞枝松'이라는 단어는 《한어대사전》 등의 큰 사전에는 나오지 않는다. 진문화는 '아'를 낮다(저低)의 의미로 보아 '아지송'을 소나무의 가지가 낮은 것을 가리킨다고 하였다. '아'에는 아래로 처진(수垂), 낮은(저低), 머리 숙일(부俯) 등과 같은 의미가 있다. 당대唐代 백거이白居易의 시 《원진元稹의 동천로에 화답하여 · 낮은 가지의 꽃 · 酬和元九東川路 · 亞枝花》에 "산 역참의 꽃 나무는 평지와 같네山郵花木似平陽"라는 구절이 있는데 양신楊愼의 《승암시화升庵詩話》 권6卷六에서 "백거이집에 '아지亞枝'가 있는데 물을 대하고 있는 낮은 가지를 말한다.白居易集有亞枝, 謂臨水低枝也."라고 하였다. 이렇게 본다면 키가 작은 혹은 낮게 드리워진 소나무로 볼 수 있으며, 앞의 '음파吟罷'와 연결한다면 낮은 가지(낮게 드리워진) 소나무가 있는 곳에서 읊조림을 마친다는 의미가 된다. 오언시의 일반적인 구법인 2/3구법으로 보나 바로 앞 구절의 2/3구법과의 조화를 본다면 이와 같은 풀이도 괜찮다. 한편 팽지헌과 장일은 '아'를 짓누르다는 의미로 풀었다. 실제로 사전에는 '아'가 '압壓'과 통하며 무겁게 누르다(수압垂壓)는 의미가 있다고 되어 있다. 그렇다면 '지송枝松'을 (한) 가지 소나무로 보거나 아니면 송지松枝의 도치로 보고 소나무 가지로 보아 '아지송'은 (한) 가지 소나무를 짓누른다 혹은 소나무 가지를 짓누른다는 뜻이 되고, 앞의 '음파'와 연결하면 (시구를) 읊조리기를 끝내니 (그 근심이) 소나무 가지를 짓누르네로 풀이할 수 있다. 본서에서는 전자의 풀이가 여러모로 자연스럽다고 판단되어 전자로 풀이하였다.

겨울밤 온정균님께
冬夜寄溫飛卿

고심하여 시를 찾아 등잔 밑에서 읊노라니,
잠못드는 긴긴 밤에 차가운 이불 무서워요.
마당을 가득 채운 나뭇잎은 바람 불까 근심하고,
휘장을 통과하는 비단 창은 달이 질까 두려워요.
헤어져, 끝내 바램을 이루는 것을 막지 못하고,
성하고 쇠함에서 다만 본래의 마음을 보지요.
조용히 깃들 곳 정하지 못하고서, 오동나무에서,
저물녘 참새는 짹짹짹 부질없이 숲을 감고 도네요.

苦思搜詩燈下吟,
不眠長夜怕寒衾.
滿庭木葉愁風起,
透幌紗窗惜月沈.
疎散未閑終遂願,
盛衰空見本來心.
幽棲莫定梧桐處,
暮雀啾啾空遶林.

작품설명

겨울밤에 온정균溫庭筠에게 부치는 시이다. 이 시는 이억에게 버림받고 장안長安으로 돌아와 함의관咸宜觀으로 들어가 여도사로서 생활하며 옛스승인 온정균에게 이 시를 적어 보낸 것으로 대체로 본다. 팽지헌과 장일에 의하면 온정균은 대중大中 12년(858)에 어현기의 남편 이억과 함께 진사가 되었는데 이억은 장원으로 급제하고 온정균은 소란죄로 수주수현위隨州隨縣尉로 출척되었다가 그 뒤 장안으로 돌아왔다. 어현기의 이 시는 온정균이 장안에 온 지 얼마 안 된 함통 4년(863) 겨울에 지어진 것일 것이다. 어현기가 온정균을 알게 된 것은 아마도 대중 12년(858)에 이억의 첩이 되었을 때일 것이다. 어현기가 이 시를 지었을 때 온정균은 대략 52세 정도였다.(彭志憲, 張燚 著,《唐代女詩人魚玄機詩編年譯

冬夜(동야) | 겨울밤.
寄(기) | 보내다.
溫飛卿(온비경) | 만당晩唐의 대표적 시인인 온정균(약 812–866)으로 자는 비경飛卿이고 태원太原 사람이다. 문재가 뛰어나고 음률에도 정통하여 시와 사 모두 화려하고 풍격이 농염하다.《온정균집溫庭筠集》이 있다.
苦思搜詩(고사수시) | 고심하여 시를 찾다.《명원시귀》에는 "고의수사苦意搜思"라고 되어 있고,《전당시록》에는 "고억수사苦憶搜思"라고 되어 있다.
燈下(등하) | 등잔 아래.
吟(음) | 읊조리다.
不眠(불면) | 잠 못들다.
長夜(장야) | 긴 밤.
怕(파) | 두려워하다.
寒衾(한금) | 차가운 이불.
滿(만) | 가득하다.
庭(정) | 뜰, 마당.
木葉(목엽) | 나뭇잎.
愁(수) | 근심하다.
風起(풍기) | 바람이 일어나다.
透(투) | 뚫고 들어오다, 통과하다.
幌(황) | 휘장, 커튼.

注》, 新疆大學出版社, 1995, pp. 51-52 참조)

시인은 고심하며 시구를 찾아가며 등잔 아래에서 길게 읊조리는데 기나긴 겨울밤에 잠들지 못하고 저 차가운 이부자리를 두려워한다. 뜰 가득 낙엽이라 저녁 바람 몰아치는 것이 두렵고, 휘장을 뚫고 들어오는 달빛이 점점 지는 것이 안타깝다. 사랑하는 이와 헤어져 버려 결국 상대가 원하는 대로 되는 것을 막지 못하였으니(사랑하는 이와 헤어지는 것을 막지 못하고 결국 상대가 원하는 대로 되었으니), 감정상의 성쇠에서 본심이 보이고, 드러나는 것! 오동나무는 예로부터 새들의 제왕인 봉황이 서식하는 나무이고, 봉황은 고귀한 신분을 비유한다. 참새(雀)는 작고 높이 날지 못하는 새로 지위가 낮은 사람이나 소인배를 비유한다. 그런데 저녁 참새가 조용히 깃들 곳을 정하지 못하고 오동나무 있는 곳에 있다고

紗窗(사창) | 비단 창. 가볍고 가는 깁(고운 견직물)을 바른 창으로 모기나 벌레를 막고 아울러 바람과 빛을 통과시키는 역할을 한다. 이 시에서 휘장을 통과하는 비단 창이란 말은 비단창이 투과성이 있어서 휘장을 통과하여 사물을 비추는 것을 이렇게 표현한 것이다. 비단을 바른 창 안에 휘장(커튼)이 드리워져 있고, 비단창이 창을 비추는 사물(예를 들면 달빛)을 드리워진 휘장으로 통과시킨다는 의미이다. 즉, 비단창에 비치는 사물이 그대로 휘장을 통과해 들어오다는 의미이다.

惜(석) | 두려워하다.

沈(침) | 가라앉다.

疏散(소산) | 흩어지다. 헤어지다. 이억과 헤어지게 된 것을 가리키는 것으로 보인다.

未閑(미한) | 막지 못하다. 여기서 '미未'는 "아직 ~하지 못하다"가 아니라 부정사 불不과 마찬가지로 ~아니다, 못하다는 의미이다. '한閑'은 막다, 방지하다. 방어하다.

終(종) | 끝내, 마침내.

遂願(수원) | 바람을 이루다. 바라는 대로 되다. 여기서는 이억 혹은 그의 부인이 바라는 대로 이억과 어현기의 관계가 소원해져 헤어지게 되었다는 의미로 읽을 수 있다. '소산疏散' 이하 제5구는 구법에 따라 두 가지로 번역될 수 있다. 먼저 칠언시의 일반 구법인 4/3구법으로 본다면 헤어짐(疏散)을 막지 못하여(未閑) 끝내 바램을 이루다(終遂願)로 볼 수 있다. 그런데 이 구절은 이어지는 제6구의 구법인 2/5(2/3)로 본다면 헤어져서(疏散) 끝내 바램을 이루는 것(終遂願)을 막지 못하다(未閑)로 볼 수 있다. 어떻게 번역하든 헤어졌다는 의미는 똑같다.

盛衰(성쇠) | 흥성과 쇠퇴, 여기서 흥망성쇠라 함은 감정상의 흥망성쇠로 흥성은 이억의 첩이 되어 즐거웠던 시절을 말하고, 쇠퇴는 이별한 뒤를 말하는 것으로 짐작된다.

하였다. 그렇다면 이 시의 저녁 참새는 시인 자신의 모습으로 읽을 수 있다. 저녁은 새들이 깃들 곳을 정해야 하는 시점인데, 참새, 이 작고 평범한 새는 봉황 즉 귀한 새만이 서식할 수 있는 오동나무가 있는 곳에 있다. 자신이 깃들 수 없는 나무 근처에서 짹짹짹 울며 부질없이 숲을 맴돈다는 것은 첩의 신분인 시인 자신이 깃들 수 없는 귀족 신분인 이억의 주변에 머무는 상황과 대비된다. 참새에 대한 비유는 시인의 또 다른 시 〈마음속을 끌어내어導懷〉에서도 나타나는 시인 특유의 표현이다. 이 시는 여성적 어투로 옛 사랑에 대한 강한 미련을 보이고 있다.

空見(공견) | 다만 보다. '공空'은 다만 혹은 부질없이, 쓸데없이로 풀어도 괜찮다. '견見'은 보이다 혹은 '현現(드러내다, 보여 주다, 나타내다)'의 의미로 풀어 "다만 (본래의 마음을) 드러내지요"로 풀어도 괜찮겠다.

本來心(본래심) | 본래의 마음.

幽棲(유서) | 조용하고 외진 거처, 조용히 머물 곳.

莫定(막정) | 정하지 못하다.

梧桐處(오동처) | 오동나무 있는 곳. 고대 중국인들은 오동나무를 봉황이 서식하는 나무로 보았다. 봉황은 고대 전설에서 새들의 왕으로 고귀한 신분이나 재덕이 고상한 사람을 비유한다.

暮雀(모작) | 저녁 참새. 《명원시귀》와 《전당시록》에는 '모작暮鵲'이라고 되어 있다.

啾啾(추추) | 짹짹, 새가 우는 소리.

空(공) | 부질없이, 쓸데없이.

遶林(요림) | 숲을 휘감고 돌다. 《전당시록》에는 '요죽繞竹'이라고 되어 있다.

이영이 여름날 낚시하고 돌아와 보여 주신 것에 답하여

酬李郢夏日釣魚回見示

살고 있는 곳이 비록 같은 마을이지만,
해가 지나도록 한 번 들르지 않으시네요.
맑고 고운 언어로 옛 여자에게 권하며,
향기로운 계수나무 새 가지를 꺾었지요.
도의 본성은 얼음과 눈을 업신여기고,
선의 마음은 비단 옷을 비웃지요.
발자취는 하늘 은하수 위로 올라가,
안개 물결로 이어지는 길은 없네요.

住處雖同巷,
經年不一過.
清詞勸舊女,
香桂折新柯.
道性欺冰雪,
禪心笑綺羅.
跡登霄漢上,
無路接煙波.

작품설명

제목으로 보면 이영이 여름날 교외에서 낚시하고 돌아와 시를 시인에게 보내온 것에 답하여 지은 것이다. 두 사람은 한 마을에 살면서도 일 년이 지나도록 한 번도 만나지 못하였다. 이 시에서 옛 여자(구녀舊女)라고 표현한 것을 보면 두 사람이 일정 정도 사귐이 있었겠지만 이영과 관련된 어현기의 또 다른 시 〈이단공이 낚시를 하고 돌아왔다는 말을 듣고 부침聞李端公垂釣回寄〉을 보면 두 사람의 관계는 첫 구에서 표현한 바대로 매우 소원하며 어현기는 이영에게 추파를 던지는데 이영은 냉담한 편인 것으로 보인다. 이와 같은 관계를 염두에 둔다면 제4구에서 제6구까지는 이영이 시(청사淸詞)를 지어 옛 여자(어현기)에게 보내어 권勸하는 내용으로 볼 수 있다. 이영은 먼저 자신이 과거시험에 급제했다고

酬(수) | 답하다. 제목에 '수酬'가 들어가는 시는 답례로 지은 시로 시문詩文으로 서로 주고받는 것을 말한다.

李郢(이영) | 자가 초망楚望이고 장안長安 사람이다. 태화太和 6년에 태어나 대중大中 10년(856)에 진사가 되어 시어사侍御史에 올랐다. 《전당시》 권590에 61수의 시가 수록되어 있다. 두목杜牧의 부름을 받아 호남湖南에 머물다가 다시 여항餘杭(절강성浙江省 섬계剡溪 소속)에 머물렀다. 《당재자전》에 "나가서는 산수를 좋아하고 들어와서는 거문고와 책을 즐겼으며 경쟁하는 데 관심이 없었다"고 하였고, 같은 책의 어현기 항목에는 "이영과 같은 마을에 살면서 시를 주고받았다"고 하였다. 어현기보다 열 살 남짓 연상으로 보고 있다. 어현기의 시 가운데 이영과 관련 있는 작품으로 〈이단공이 낚시 하러 갔다 돌아왔다는 말을 듣고 부침聞李端公垂釣回寄贈〉이 있다.

夏日(하일) | 여름날.

釣魚(조어) | 낚시질하다.

回(회) | 돌아오다.

見示(견시) | 보여 주다. 알려 주다.

住處(주처) | 거주하는 곳, 사는 곳.

雖(수) | 비록.

同巷(동항) | 같은 마을.

經年(경년) | 해를 지나다. 즉 1년.

不(불) | ~하지 않다.

一(일) | 한 번.

過(과) | 들르다. 방문하다.

한다. 그 말은 곧 여기를 떠난다는 말이다. 그러면서 시인에게 도의 본성은 얼음이나 눈보다도 맑으니 참선하는 마음으로 세속의 여성을 비웃으라고 권한다. 그래서 시인은 그대(이영)는 과거에 급제하여 저 높은 곳(조정)으로 올라가니 이제는 나를 만나기 위해 안개 덮인 강호로 오는 일은 없게 될 것이라고 말한다. 같은 마을에 살면서도 일 년에 한 번 보지도 못하는 사이인데 이제 과거에 급제하여 조정으로 간다면 더욱 왕래하기는 어려울 것이다. 그래서 시인은 쓸쓸하다. 쓸쓸함은 당대唐代 여도사의 필수적인 일면이다.

淸詞(청사) | 맑고 고운 언어, 여기서는 이영이 시인에게 보여 준 시구.

勸(권) | 권면하다. 《전당시》의 주석에는 "환歡"이라고 된 곳도 있다고 하였다.

舊女(구녀) | 옛날부터 알고 있는 여자, 어현기 자신을 가리킨다.

香桂折新柯(향계절신가) | 계수나무의 새 가지를 꺾다. 계수나무가지를 꺾는다(折桂)는 것은 과거시험에 급제했다는 것을 말한다. 당대唐代 이후에 보편적으로 사용하였다. '향계香桂'는 계수나무에 대한 미칭이다. '신가新柯'는 새 가지, 새 가지를 꺾는다는 것은 새 과거시험에 급제했다는 뜻이다. 팽지헌과 장일은 이영이 당나라 선종宣宗 대중大中 10년(856)에 진사에 급제하였는데, 당대의 제도에 의하면 진사에 급제한 뒤 박학굉사博學宏詞, 발췌拔萃 등의 과의 고시에 참가할 수 있으며, 이 때문에 새 가지를 꺾었다는 것은 이영이 진사에 급제한 뒤 다시 이러한 과거에 급제했을 것이라고 추측하였다.(彭志憲, 張燚 著, 《唐代女詩人魚玄機詩編年譯注》, 新疆大學出版社, 1995, pp. 43–44)

道性(도성) | 도교의 도를 닦는 마음, 도를 깨닫는 마음.

欺(기) | 업신여기다.

冰雪(빙설) | 얼음과 눈, 마음이 깨끗하고 순결한 것을 비유한다.

禪心(선심) | 참선하는 마음, 앞 구절의 도성道性과 대구를 이룬다.

笑(소) | 비웃다.

綺羅(기라) | 비단, 아름다운 여성복, 비단을 걸친 여성 즉 세속의 여성을 가리킨다.

跡(적) | 발자취.

登(등) | 오르다.

霄漢上(소한상) | 하늘 은하수 위. '소霄'는 하늘, '한漢'은 은하이며, 구름이 떠도는 하늘과 은하수 즉 하늘을 가리키는데, 조정 혹은 높은 지위를 비유한다.

無路(무로) | 길이 없다.

接(접) | 이어지다.

煙波(연파) | 안개로 덮인 물결, 세상을 피해 은거하는 강호江湖를 가리키기도 한다.

서쪽 마을 새 이웃에게서 차운을 하고 아울러 술을 청하다

次韻西鄰新居兼乞酒

한 수의 시가 왔길래 백 번을 읊조려 보니,
새로운 정이 글자마다 또 황금 소리이네요.
서쪽을 바라보니 이미 월장할 마음이 있는데,
먼 곳을 바라보며 돌이 될 마음 없을 수 있나요?
은하수 기약은 요원하니 헛되이 끝까지 보는 것,
상수의 꿈은 끊겨 거문고 타는 것 그만두지요.
하물며 한식 절기를 맞아 향수는 심해지니,
혜강은 맛난 막걸리 홀로 따르지 마시어요.

一首詩來百度吟,
新情字字又聲金.
西看已有登垣意,
遠望能無化石心.
河漢期賒空極目,
瀟湘夢斷罷調琴.
況逢寒節添鄕思,
叔夜佳醪莫獨斟.

次韻(차운) | 남이 지은 시의 운자韻字를 따서 시를 지음.
西隣(서린) | 서쪽 이웃집.
新居(신거) | 새 집, 새로 이사한 집.
兼(겸) | 아울러.
乞酒(걸주) | 술을 청하다.
一首詩(일수시) | 한 수의 시.
來(래) | 오다.
百度(백도) | 백 번, 여러 차례.
吟(음) | 읊조리다.
新情(신정) | 《전당시》의 주석에는 '청신淸新'이라고 되어 있는 곳도 있다고 하였다.
字字(자자) | 글자마다.
又(우) | 또, 다시, 거듭.
聲金(성금) | 땅에 던지면 금속 소리가 나다. 시의 성률이 훌륭한 것, 언어문자의 아름다움을 형용하였다.
西(서) | 서쪽.
看(간) | 바라보다.
已(이) | 이미.
有(유) | 있다.
登垣意(등원의) | 월장하려는 뜻(의도). 서쪽 이웃에서 담장을 넘어 자신을 엿볼 뜻이 있음을 말한다. 등원登垣은 월장하는 것, 이웃집에 사는 남녀가 담장을 뛰어넘어 밀회를 하는 것을 말한다. 송옥宋玉의 〈등도자 호색부登徒子好色賦〉에 나오는 이야기를 반대로 사용하여 자신을 송옥에 비유하였다. (본서 〈이웃집 여자에게贈隣女〉 주석부분 참조)
遠望(원망) | 멀리 바라보다. 먼 곳을 향해 보다.
能無(능무) | 없을 수 있겠는가? 반어문으로 있다는 의미. 능불能不과 같다.
化石(화석) | 돌이 되다. 망부석望夫石이 되다. 남편에 대한 아내의 절개와 그리움을 비유하는 데 사용된다. 호북성胡北省 무창武昌 북쪽 산에 망부석이 있는데, 전설에 의하면 절개 있는 여인이 변경으로 떠나는 남편을 이곳에서 전송하고 그곳에 선 채로 돌이 되었다고 한다. 그래서 화석化石은 남편에 대한 여인의 굳은 절개와 그리움을 비유한다. 능무화석심能無化石心은 망부석이 될 마음이 없을 수 있겠는가라는 뜻으로 화석이 될 마음이 있다 즉 마음을 허락한다는 뜻이다.
河漢期賒(하한기사) | 은하수에서 만나자는 기약은 요원하다. '하한河漢'은 은하수, 견우와 직녀는 은하수를 사이에 두고 일 년에 한 번씩 만난다고 한다. '사賒'는 요원하다는 뜻으로 이 구절은 서로 만날 기일이 은하수처럼 아득하다는 것을 말한다.

작품설명

서쪽 마을에 새로 이사 온 이웃이 보내온 시에서 운을 빌려 화답한 시이다. 마지막 구절은 제목의 '걸주乞酒'의 의미를 드러내고 있다. 처음 두 구에서 상대방이 마음이 있다는 의사를 보내온다. 그러자 시인은 당신이 마음이 있다면 나도 마음이 있다고 고백한다. 내가 사랑하는 님과 만날 길은 은하수처럼 요원하니 눈이 빠지게 기다리는 것도 부질없고, 아황娥皇이나 여영女英처럼 지아비 따라 죽겠다는 꿈도 끊어져 버렸으니, 그러니 나랑 술이나 마시자고 한다. 솔직하고 대담한 어현기의 성격이 잘 드러나는 시이다. 이 시는 시인이 지아비인 이억의 버림을 받고 함의관에서 도사생활을 할 때의 어느 한 일상을 그린 것으로 보인다.

空(공) | 부질없이, 쓸데없이, 헛되이.
極目(극목) | 시력이 미치는 한 끝까지 보다. 볼 수 있는 데까지 멀리 바라보다.
瀟湘夢(소상몽) | 상수의 꿈. '소상瀟湘'은 강 이름으로 맑은 상수湘水라는 뜻이며, 상수의 별칭이다. 물이 맑고 깊어서 붙여진 이름이다. 상수의 꿈이란 상수의 여신인 상부인湘夫人 즉 아황과 여영의 꿈을 가리킨다. 요임금의 두 딸 아황과 여영은 이 상수에서 항상 놀았는데 지아비인 순임금이 창오蒼梧에서 죽은 후 순임금을 따라 상수에서 죽은 뒤 상수의 여신이 되었다고 하는 전설이 있다. 따라서 이 시에서 상수의 꿈은 아황과 여영처럼 수절하는 꿈을 가리킨다.
斷(단) | 꿈이 끊어지다.
罷(파) | 그만두다.
調琴(조금) | 거문고를 연주하다.
況(황) | 하물며.
逢(봉) | 만나다.
寒節(한절) | 한식.
添(첨) | 더하다.
鄉思(향사) | 향수, 고향 생각.
叔夜(숙야) | 위魏나라 문학가이자 철학자인 혜강嵇康의 자. 혜강은 죽림칠현竹林七賢의 한 사람으로 거문고의 명수였으며 술에 심취하여 세상사를 멀리하였다. 이 시에서는 서쪽 마을의 새 이웃에 대한 비유로 보인다.
佳醪(가료) | 좋은 술. 상등의 술.
莫(막) | ~하지 말라.
獨斟(독침) | 홀로 술을 따르다. '침斟'은 술을 따르다.

벗의 운을 따라 화답하다
和友人次韻

무슨 일로 나그네 근심을 녹일 수 있을까요?
붉은 종이 펼친 곳에 은 갈고리 보이네요.
봉래산에 비 뿌리니 천 개의 봉우리 작아지고,
해곡에 바람 불어 만 개의 잎사귀 가을이어요.
글자마다 아침에 보며 푸른 구슬 가볍게 여기고,
작품마다 한밤에 읊조리며 이부자리에 있지요.
향상자를 가지고 잘 간직해 두려고 하다가,
또 아까워 때마다 읊조리며 수중에 있어요.

何事能銷旅館愁,
紅牋開處見銀鉤.
蓬山雨灑千峰小,
嶰谷風吹萬葉秋.
字字朝看輕碧玉,
篇篇夜誦在衾裯.
欲將香匣收藏却,
且惜時吟在手頭.

작품설명

이 시는 차운시이다. 차운시는 원시의 운의 순서에 따라 지은 시이다. 벗이 지은 시의 운을 따라 화답한 시이다. 차운을 했다는 시인의 친구가 누구인지는 알 수 없다. 친구의 시는 객사客舍에서 지내는 시인의 근심을 녹인다. 친구의 시는 사람들이 귀애하는 구슬을 저리 가라 할 정도로 예뻐서 아침마다 밤마다 손에서 뗄 수 없다. 하도 귀하여 향상자에 넣어 두려다가 또 아까워서 곁에 둔다고 말한다. 친구의 시를 찬미하고 귀애함이 시 전편에 넘쳐난다. 함련(제3, 4구)과 경련(제5, 6구)의 대우對偶에 신경을 쓰는 것은 율시의 기본 미학이다. 이 시는 어현기의 다른 율시와 마찬가지로 이 미학에 매우 충실하다. 제3, 4구의 봉산蓬山과

和(화) | 화답하다. 제목에 화和가 들어가는 시는 화답시다. 다른 사람이 지은 시에 답하는 시이다.
友人(우인) | 벗.
次韻(차운) | 남이 지은 시의 운자韻字를 따서 시를 지음.
何事(하사) | 무슨 일, 어떤 일.
能(능) | (~을) 할 수 있다.
銷(소) | 녹이다.
旅館愁(여관수) | 여관에서의 근심, 나그네가 되어 객지의 여관에서 보내는 근심.
紅牋(홍전) | 작은 폭의 붉은 종이로 시를 적는 데 사용한다.
開處(개처) | 펼친 곳, '개開'는 펼치다, '처處'는 곳, 장소.
見(견) | 보이다.
銀鉤(은구) | 은 갈고리, 갈고리는 끝이 뾰족하고 꼬부라진 물건을 가리키는데 필체가 힘이 있는 것, 잘 쓴 글씨, 글씨가 강건한 것을 비유한다.
蓬山(봉산) | 봉래산蓬來山, 동해 가운데 있으며 신선이 산다고 하는 산.
雨灑(우쇄) | 비를 뿌리다.
千峰(천봉) | 천 개의 봉우리, 천千은 수량이 많은 것을 나타낸다.
嶰谷(해곡) | 곤륜산崑崙山 북쪽에 있다는 골짜기, 옛날에 황제皇帝가 영윤伶倫에게 명하여 이 골짜기의 대나무로 십이율十二律의 피리를 만들게 하였다고 한다.
風吹(풍취) | 바람이 불다.
萬葉(만엽) | 모든 나뭇잎.
字字(자자) | 글자마다.
看(간) | 보다.

해곡懈谷, 우쇄雨灑와 풍취風吹, 천봉千峰과 만엽萬葉, 소小와 추秋, 제5, 6구의 자자字字와 편편篇篇, 조간朝看과 야송夜誦, 경輕과 재在, 벽옥碧玉과 금조衾裯는 품사는 물론 단어의 성격(자연, 숫자, 중첩, 시점, 물건) 또한 조밀하게 짝을 이루고 있다. 어현기의 시적 감수성이 진하게 배어나는 시이다.

輕(경) | 가볍게 여기다.
碧玉(벽옥) | 푸른 구슬.
篇篇(편편) | 작품마다.
誦(송) | 읊조리다.
在(재) | ~에 있다.
衾裯(금주) | 침구, 이불.
欲(욕) | ~을 하려고 하다. ~을 하고자 하다.
將(장) | ~을 가지고, ~으로. 현대 중국어에서 전치사 용用(yong)이나 나拿(na)와 같은 용법으로 근거하는 도구 · 자료 · 방법 등을 이끌어 내는 역할을 한다.
香匣(향갑) | 향을 담은 작은 상자.
收藏(수장) | 담아 간직하다.
卻(각) | 어조사, 동사 뒤에 쓰여 완료를 나타내는 결과보어의 역할을 한다. '료了(le)'와 같은 뜻으로 쓰인다.
且(차) | 또, 다시, 재再, 우又와 같다. 한편 차且는 도리어, 오히려, 전환관계를 나타내는 접속사로 각却과 같은 역할을 하기도 하므로 이 시구의 상황이 앞의 시구의 상황에 위배되므로 도리어로 풀이해도 문맥상 안 될 것 없겠다.
惜(석) | 아까워하다. 아깝다.
時(시) | 때때로.
吟(음) | 읊조리다.
在手頭(재수두) | 수중에 있다. 몸 가까이에 있다. 재在는 있다. 수두手頭는 수중, 신변, 몸 가까이, 곁 등으로 번역된다.

새로 급제한 사람의 망부가에 화답하여 두 수
和新及第悼亡詩 二首

신선의 호적은 세상에 오래 머물지 못하고,
잠깐의 시간이 이미 지나 십 년 세월이네요.
원앙 휘장 아래에 향기는 여전히 따뜻하고,
앵무 새장 속에서 말하기 그치지 않는데요.
아침 이슬 꽃을 꾸미어, 얼굴이 원망하는 것 같고,
저녁 바람 버들 기울여, 눈썹이 근심하는 듯해요.
오색 구름 타고 한 번 떠난 뒤에 소식은 없고,
시인 반악은 정이 많아 흰머리 되려 하네요.

仙籍人閒不久留,
片時已過十經秋.
鴛鴦帳下香猶暖,
鸚鵡籠中語未休.
朝露綴花如臉恨,
晚風欹柳似眉愁.
彩雲一去無消息,
潘岳多情欲白頭.

한 가지 월계수 나무, 안개 어울려 피었는데,
만 그루 강변 복사나무, 비를 두르고 붉어요.
잠시 술잔 앞에 취해서 슬피 바라보지는 마세요,
옛부터 슬픔과 기쁨이란 지금이나 마찬가지니까요.

一枝月桂和煙秀,
萬樹江桃帶雨紅.
且醉樽前休悵望,
古來悲樂與今同.

和(화) | 화답하다. 제목에 화和가 들어가는 시는 화답시다. 다른 사람이 지은 시에 답하는 시이다.
新及第(신급제) | 새로 급제한 사람.
悼亡詩(도망시) | 망부가亡婦歌, 죽은 아내를 애도하여 지은 시를 가리킨다.
仙籍(선적) | 신선의 명단을 기록한 장부, 그의 아내였던 사람을 하늘에서 내려온 선녀에 비유하였다.
人閒(인간) | 인간 세상, 세속. 인간人間과 같다. 고대 한자어에서 인간人間은 인간(사람)이 아니라 인간사회, 세속, 세상이라는 의미이다. 간閒은 간間의 본자本字이다.
不(불) | ~하지 못하다.
久留(구류) | 오래 머물다.
片時(편시) | 잠시, 잠깐.
已(이) | 이미
過(과) | 지나다.
十經秋(십경추) | 가을은 일 년에 한 번이므로 가을을 열 번 지났다면 10년의 세월이 되었다는 것을 말한다. 추秋는 해 혹은 연年을 가리킨다.
鴛鴦帳(원앙장) | 원앙을 수놓은 휘장, 커튼.
下(하) | 아래.
香(향) | 향기.
猶(유) | 여전히, 아직도.

작품설명

새로 진사시험에 급제한 사람이 그 기쁨을 함께하지 못하고 타계한 아내를 위해 지은 시를 보여 주기에 그것에 화운하여 지은 작품이다. 제1수에서는 그 사람의 죽은 아내를 신선에 비유하며 그녀가 남긴 빈 자리의 쓸쓸함을 세밀하게 묘사하였다. 제2수에서는 계수나무가 피었다는 것으로 남편의 과거급제를 표현하고, 비를 두른 복사나무로 예쁜 아내의 모습과 슬픈 눈물의 이미지를 그려 냈다. 시인은 예나 지금이나 세상사 고락은 다 마찬가지라는 말로 상대방을 위로한다. 황주성은《당시쾌》에서 이 시에 대해 "새로 급제하였지만 죽은 이를 애도하니 참으

暖(난) | 따뜻하다.
鸚鵡籠(앵무롱) | 앵무새 새장.
中(중) | 속, 안.
語(어) | 말, 앵무새의 지저귐.
未休(미휴) | 그치지 않다. 쉬지 않다.
朝露(조로) | 아침 이슬.
綴花(철화) | 꽃을 꾸미다. '철綴'은 꾸미다, 장식하다.
如(여) | 마치 ~인 것 같다. ~인 듯하다. ~와(과) 같다. ~와(과) 비슷하다. 다음 구절의 사似와 같다.
臉(검) | 얼굴.
恨(한) | 원망하다. 한하다.
晩風(만풍) | 저녁 바람.
欹柳(의류) | 버들을 기울게 하다.
似(사) | 마치 ~인 것 같다. ~인 듯하다. ~와 같다. 비슷하다. 흡사하다. 윗 구절의 '여如'와 같다.
眉(미) | 눈썹.
愁(수) | 근심하다. 걱정하다.
彩雲(채운) | 오색 구름. 옛 사람들은 신선이 오색 구름을 탄다고 여겼다. 이 구절은 죽은 사람이 마치 신선이 되어 올라가 버리듯 소식이 없다는 것을 말한다.
一(일) | 한 번.
去(거) | 가다. 떠나다.
無(무) | 없다.
消息(소식) | 소식.
潘岳(반악) | 진晋의 시인, 자는 안인安仁. 아내의 죽음을 슬퍼하여 지은 〈망부가悼亡詩〉를 남겼다.
多情(다정) | 정이 많다. 다정하다.

로 이른바 일희일비이다. 그런데 기쁜 곳은 본래 말할 필요는 없다.新及第而悼亡, 誠所謂一喜一悲也. 然喜處故不必說."라고 말하였다.

欲(욕) | 바야흐로(곧) ~하려 하다.
白頭(백두) | 흰머리. 여기서는 흰머리가 되다.
一枝(일지) | 한 가지.
月桂(월계) | 월계수. 과거시험에 급제한 것을 비유한다. 과거시험에 급제한 것을 계수나무 숲의 한 가지(계림지일지桂林之一枝)에 비유한 것과 관련 있다.
和(화) | 어울리다.
煙(연) | 안개.
秀(수) | (꽃이) 피다.
萬樹(만수) | 만 그루. '수樹'는 그루. 나무를 세는 단위.
桃(도) | 복숭아나무.
帶(대) | 두르다.
紅(홍) | 붉다.
且(차) | 잠시.
醉(취) | 취하다.
尊前(준전) | 술잔 앞.
休(휴) | 금지사. ~하지 마라.
悵望(창망) | 슬프게 바라보다.
古來(고래) | 예부터. 예로부터.
悲樂(비락) | 슬픔과 기쁨.
與(여) | ~와. 과.
今(금) | 지금. 현재. 《전당시》의 주석에는 '군君'이라고 된 곳도 있다고 하였다.
同(동) | 마찬가지이다. 같다.

숭진관의 남쪽 누대에 놀러 가서 새로 급제한 사람의 이름을 적어 놓은 곳을 보고서
遊崇真觀南樓睹新及第題名處

운봉은 눈 가득 봄을 피우고 하늘은 맑은데,
역력한 은 갈고리 손가락 밑에서 생겨났네요.
비단 옷이 시구를 가리는 것을 스스로 원망하면서,
고개 들어 게시판 속 이름을 헛되이 부러워하네요.

雲峰滿目放春晴,
歷歷銀鉤指下生.
自恨羅衣掩詩句,
擧頭空羨榜中名.

遊(유) | 놀러 가다. 유람하다.

崇眞觀(숭진관) | 도교 사원(도관道觀)의 이름이다. 송민구宋敏求의 《장안지長安志》에 의하면 이 사원은 장안長安의 주작가朱雀街 동쪽의 신창방新昌坊 안에 있다. 개원開元 초기에 세운 것이다. 관觀은 도교 사원이다.

南樓(남루) | 남쪽 누대.

覩(도) | 보다.

新(신) | 새로.

及第(급제) | 급제하다.

題名處(제명처) | 진사에 급제한 자의 성명을 적어 놓은 곳.

작품설명

시인이 당대唐代의 수도 장안長安(지금의 서안西安)의 숭진관崇眞觀이라고 하는 도교 사원에 놀러 가서 남쪽 누대(남루南樓)에 진사에 급제한 신규 명단을 적어 놓은 것을 보고 지은 시이다. 봉건사회의 재주 있는 여성의 좌절감이 잘 드러나 있다. 마지막 구절은 자신이 여자인데 헛되이 시재를 갖고 있어 과거에 응시할 수 없음을 한탄하고 있다. 어현기의 시에는 '공空'이라는 글자가 빈번하게 나오는데 이 시에서의 울림이 특히 크다.

雲峰(운봉) | 구름을 둘러싸고 있는 봉우리.
滿目(만목) | 눈에 가득 차다. 시야에 가득 들어오다.
放春(방춘) | 봄을 피우다. 봄에 꽃과 나무들이 싹을 틔우고 자라는 것을 말한다.
晴(청) | 하늘이 맑다.
歷歷(역력) | 역력한 모양, 분명한 모양. 여기에서는 적어 놓은 성명이 한 획 한 획 또렷하게 쓰여 있는 것을 가리킨다.
銀鉤(은구) | 은 갈고리, 발이나 휘장揮帳 따위를 거는 은으로 만든 갈고리(갈고랑이)를 가리키는데 매우 아름답게 쓴 글씨나 서예가 강건하고 힘이 있는 것을 비유한다. 이곳에서는 게시판에 적혀있는 이름의 글씨체가 좋은 것을 가리킨다. 이 표현은 〈벗의 운을 따라 화답하다和友人次韻〉에도 나왔다.
指下(지하) | 손가락 아래.
生(생) | 생겨나다.
自(자) | 스스로.
恨(한) | 원망하다, 한하다.
羅衣(나의) | 여자의 아름다운 의복, 비단으로 만든 옷, 여자들이 입기 때문에 이 단어로 여자를 대신하기도 한다.
掩(엄) | 가리다.
詩句(시구) | 시구.
擧頭(거두) | 고개를 들다.
空(공) | 헛되이, 부질없이.
羨(선) | 부러워하다.
榜中名(방중명) | 게시판 속의 이름. 방榜은 게시판, 여기서는 급제자의 명단을 공시한 게시판.

근심 두 수
愁思二首

낙엽은 어지러이 흩날리고 저녁 비 어우러지는데,
붉은 줄 홀로 퉁기며 스스로 맑은 노래 불러 보노라.
내 맘대로 했으니 무심한 벗을 원망하지 말고,
본성을 길러서 고해의 물결을 비우고 버리리라.
부자의 수레 소리는 문 밖에 있고,
도가의 서적은 베개 앞에 많도다.
베옷 입은 이가 끝내 조정의 고관을 맡았으니,
푸르른 물, 푸른 산을 때때로 한 번씩 지나리라.

落葉紛紛暮雨和,
朱絲獨撫自清歌.
放情休恨無心友,
養性空抛苦海波.
長者車音門外有,
道家書卷枕前多.
布衣終作雲霄客,
綠水青山時一過.

다정이 대단히 근심이라고 스스로 탄식하는데,
하물며 바람과 달이 뜰 가득한 가을을 만났다네.
침실은 마침 밤 시각 알리는 북 소리와 가까워,
밤이면 밤마다 등잔 앞에서 흰머리 되려 하네.

自歎多情是足愁,
況當風月滿庭秋.
洞房偏與更聲近,
夜夜燈前欲白頭.

제1수
愁思(수사) | 근심. '추사秋思'로 되어 있는 판본도 있다. 제1구를 보면 계절은 가을이다.
落葉(낙엽) | 낙엽.
紛紛(분분) | 분분하다. 어지럽게 날리다. 흩날리다.
暮雨(모우) | 저녁 비. 저물녘의 비.
和(화) | 어우러지다.
朱絲(주사) | 거문고의 붉은 줄. '주朱'는 《전당시》의 주석에서 '빙氷'이라고 된 곳도 있다고 하였다.
獨(독) | 홀로.
撫(무) | 가볍게 당기다. 여기서는 가볍게 연주하는 것을 가리킨다.
自(자) | 스스로.
淸歌(청가) | 맑고 밝은 노랫소리. 맑은 목소리로 부르는 노래.
放情(방정) | 종정縱情, 임정任情과 같다. 제멋대로 하다. 마음대로 하다.
休(휴) | ~하지 마라. ~해서는 안 된다.
恨(한) | 원망하다. 한하다.
無心友(무심우) | 무심한 친구. 마음이 없는 벗.
養性(양성) | 본성을 기르다. 심성을 도야하다. 도사의 수행의 일종.
空拋(공포) | 비우고 버리다.
苦海波(고해파) | 고해의 물결. 고해苦海는 고통의 바다. 끝없는 고통의 세계에 대한 비유.
長者(장자) | 부귀한 사람들. 이 구절은 때로 높은 사람들이 방문한다는 것을 말한다.
車音(거음) | 수레 소리. 수레가 지나면서 내는 소리.
門外(문외) | 문 밖.

작품설명

이억에게 버림받고 함의관에 머물면서 지은 작품으로 보인다. 《명원시귀》에는 이 두 수의 제목을 〈추사秋思〉라고 하였다. 《만수당인절구萬首唐人絶句》에서는 제1수의 제목을 〈수사愁思〉라고 하였고, 제2수는 〈추사秋思〉라고 하였다. 《전당시》에서는 제1수를 〈수사愁思〉라고 하였고, 제2수를 〈추원秋怨〉이라고 하였다. 제1수는 근심에 빠져 있기보다는 오히려 일정한 체념을 통해 현실을 받아들이고 스스로 마음을 다잡고 있다. 뜰 가득 낙엽은 분분하고, 밤새 비는 뿌린다. 과거에 나 자신이 제멋대로 하였으니 저 무심한 친구는 원망하지 말고, 본성을 길러 인간세상 고해의 풍파를 모두 던져 버리겠다고 말한다. 문 밖에 유혹이 있지만 침상 앞에 도가서적이 있으니 수행이나 하면 될 뿐이다. 고관이 된 그는 아

有(유) | 있다.
道歌(도가) | 도가.
書卷(서권) | 서적.
枕(침) | 베개.
前(전) | 앞.
多(다) | 많다.
布衣(포의) | 베 옷. 베 옷은 서민의 복장이므로 '포의布衣'는 서민을 지칭한다.
終(종) | 결국. 끝내. 마침내.
作(작) | (어떤 직무 · 역할을) 맡다. 담당하다.
雲宵客(운소객) | 운소雲宵는 높은 하늘, 조정朝廷을 비유하고, 운소객雲宵客은 고관을 가리킨다.
綠水青山(녹수청산) | 푸른 물, 푸른 산. 아름다운 강산.
時(시) | 때로.
一(일) | 한 번.
過(과) | 지나다. 들르다.

제2수
自(자) | 스스로.
歎(탄) | 탄식하다.
多情(다정) | 정이 많다. 다정하다.

주 가끔 들를 것이다. 그런데 제1수에서 정리된 시인의 마음은 제2수에서는 흐트러져 있다. 이 시의 제목인 근심은 오히려 제2수에서 잘 드러나 있다. 시인은 알게 된다. 냉정하게 현실을 받아들이려는 마음과 다르게 스스로 매우 다정한 사람이라는 것을. 옛 감정에서 여전히 헤어나지 못한다는 것을. 낙엽 지는 처량한 가을이 되면 마음은 더욱 처참해진다는 것을. 그래서 밤새 잠 못든 채 밤 시간을 헤고 있다는 것을. 제2수에서는 여도사가 되어서도 마음을 비우지 못한 채 헝클어진 감정을 부여잡고 있는 시인의 심정이 잘 드러나 있다. 시인은 근심으로 밤마다 등잔 앞에 앉아 머리가 희어질 지경이다.

是足愁(시족수) | 매우 대단히 근심스럽다. 진문화는 시족수是足愁는 심족수甚足愁와 같다고 하고 '시是'는 '심甚'과 같으며 음이 서로 비슷하여 차용하였다고 하였는데, 시是에는 "매우(현대 중국어의 흔很[hen], 극極[ji])"라는 뜻이 있고, 족足에도 "매우(현대 중국어의 흔很[hen], 십분十分[shifen])라는 뜻이 있다.

況(황) | 하물며, 게다가, 더군다나.

當(당) | (때를) 만나다, 맞이하다, 당면하다.

風月(풍월) | 청풍명월淸風明月, 일반적으로 아름다운 풍경을 가리킨다.

滿(만) | 차다, 가득하다.

庭(정) | 뜰, 마당.

秋(추) | 가을.

洞房(동방) | 깊숙한 곳에 있는 방, 고대에 여자들이 대부분 깊숙한 방에 거처하였기 때문에 부인의 방, 여자의 침실을 가리킨다.

偏(편) | 마침(일반적으로 마침은 주로 긍정적 어감으로 사용되나, 우리말사전에서 마침은 실제로 긍정적 어감과 부정적 어감 모두 있다. 여기서는 부정적 어감으로서 공교롭게도라는 의미로 쓰인 것이다.), 공교롭게, 뜻밖에(기대에 어긋날 경우에 쓰임).

與(여) | ~와.

강을 건너며 두 수
江行 二首

큰 강은 무창을 가로 안고 굽이치고,
앵무주 앞에는 만호의 집들이 있네요.
예쁜 배의 봄 잠은 아침에도 아직 부족해,
꿈속에서 나비 되어서 또 꽃 찾아다녀요.

大江橫抱武昌斜,
鸚鵡洲前萬戶家.
畫舸春眠朝未足,
夢爲蝴蝶也尋花.

안개 속에 핀 꽃이 이미 가마우지항에 들어왔는데,
예쁜 배에서 여전히 앵무주에 대해 쓰고 있었지요.
취해서 눕고 깨어나 읊다가 전혀 느끼지 못했는데,
오늘 아침에야 깜짝 놀랐답니다. 한강 머리에서요.

煙花已入鸕鷀港,
畫舸猶題鸚鵡洲.
醉臥醒吟都不覺,
今朝驚在漢江頭.

제1수

江行(강행) | 강을 건너다. 배를 타고 강을 건너가다는 뜻으로 남송의 시인 엄우嚴羽의 〈강을 건너며江行〉가 유명하다.

大江(대강) | 장강長江, 즉 양자강揚子江.

橫抱(횡포) | 가로질러 안고 가다. 장강이 무창武昌을 안고 가로질러 흘러가다. 《당시품휘唐詩品彙》에서는 '횡읍橫挹'이라고 하였고, 《당시선맥회통평림唐詩選脈會通評林》에서는 '횡파橫把'라고 하였다.

武昌(무창) | 악주鄂州의 강하성江夏城을 가리킨다. 호북성胡北省 무한시武漢市의 장강(양자강) 이남 지구를 무창이라고 한다. 장강의 남쪽 언덕에 있으면서 한구漢口, 한양漢陽과는 강을 사이에 두고 서로 바라보고 있다.

斜(사) | 굽이치다.

鸚鵡洲(앵무주) | 한강漢江(한수漢水)이 장강으로 흘러 들어가는 출구에 있는 섬으로 지금의 호북성 무한武漢 서남쪽 장강에 있다. 동한 말엽에 황조黃祖가 강하江夏의 태수를 지낼 때 그의 맏아들 역射이 이곳에서 대연회를 열었는데 앵무새를 바친 자가 있어 예형禰衡이 〈앵무부鸚鵡賦〉를 지은 뒤 앵무주鸚鵡洲라고 부른 것으로 본다. 그 뒤 홍수에 침수되었고 청대 강희 중엽에 진흙섬이 되었다.

前(전) | 앞.

萬戶(만호) | 만호, 수많은 집.

家(가) | 집.

畵舸(화가) | 예쁜 배. 가舸는 큰 배, 뱃머리에 익조鷁鳥 그림이 있어 화가畵舸라고 하였다. 장식이 화려한 유람선을 가리킨다.

春眠(춘면) | 봄 잠.

朝(조) | 아침.

未足(미족) | 부족하다. 아직 충분하지 않다.

夢爲胡蝶(몽위호접) | 몽夢은 몽夢의 속자. 꿈에 나비가 되다. 《장자莊子》의 《제물론齊物論》에 "옛날에 장자가 꿈에 나비가 되었다昔者莊周夢爲胡蝶"라는 표현이 나온다.

也(야) | (~과 동시에) ~도 또한, 그리고 또, 게다가. ~조차(~하다).

尋花(심화) | 꽃을 찾아 나서다.

작품설명

제1수는 호북성 무창武昌의 한강漢江에서 앵무주鸚鵡洲를 바라보며 배 속에서 지은 것으로 보인다. 앵무주, 예쁜 배, 봄 잠, 꿈, 나비, 꽃 등 평화로운 이미지를 지닌 시어들로 구성되어 있어 시인이 행복한 연애감정에 몰두해 있음을 느낄 수 있다.

제2수는 아름다운 봄 풍경이 가마우지 날아다니는 항구에 이른다. 배 안에서 술에 취해 잠들고, 깨어나면 시를 읊조리는 일상을 보내며 벌써 봄이 이른 줄도 몰랐다가 오늘 아침 한강 출구에 도착하고서야 깜짝 놀랐다고 말한다. 배를 타고 여행하며 계절을 느끼지 못할 정도로 두 사람만의 연애감정에 심취했음을 짐작할 수 있는 시이다.

육시옹陸時雍은 《당시선맥회통평림唐詩選脈會通評林》에서 이 시에 대해 "제1수의 마지막 구가 가장 아름답다. 정을 심은 것이 더 이상 여지가 없다.第一首末句最佳, 種情無復餘地."라고 하였고, 황주성은 《당시쾌》에서 이

제2수

煙花(연화) | 안개 속에 핀 꽃, 일반적으로 아름다운 봄 경치를 가리킨다.

已(이) | 이미.

入(입) | 들어오다.

鸕鷀港(노자항) | 가마우지가 날아다니는 항구. 진문화는 이 시의 노자항鸕鷀港에 대해 노자담鸕鷀潭, 노자언鸕鷀堰이라고도 하며 《일통지一統志, 무창부武昌府》의 기록을 인용하여 포기현蒲圻縣 육수陸水에 있다고 하였다. 한편 팽지헌과 장일은 그 위치는 확실치 않으며 노자鸕鷀는 가마우지라는 물새로 남방지역의 물가에서 흔히 볼 수 있는 새이기 때문에 노자항鸕鷀港이라고 부른 곳이 많았을 것이라고 하였다.(《唐代女詩人魚玄機詩編年譯注》, 新疆大學出版社, 1995, p.17) 본서에서는 일단 가마우지가 날아다니는 항구로 풀었다.

畫舸(화가) | 제1수의 주석 참조.

猶(유) | 여전히.

題(제) | 쓰다, 적다. 뒷 구절과 연결하면 여기서 제題는 앵무주鸚鵡洲에 대해 글을 쓰다는 의미이다. 《만수당인절구》와 《명원시귀》, 《전당시》에는 모두 '연沿'으로 되어 있다. '연'은 물길을 따라 가다는 뜻이다.

鸚鵡洲(앵무주) | 제1수의 주석 참조.

시에 대해 "어찌 요염하도록 아름다운 것의 으뜸이 아니겠는가!豈非妖冶之尤!"라고 하였다. 진문화의 책《꿈에 나비가 되어 꽃을 찾다: 이야, 설도, 어현기 시주평夢爲蝴蝶也尋花: 李冶, 薛濤, 魚玄機詩注評》(上海古籍出版社, 2007)은 이 시의 제1수의 마지막 구절에서 제목을 따왔다.

醉臥(취와) | 술에 취해 눕다.
醒吟(성음) | 깨어나 읊조리다.
都(도) | 전혀, 도무지.
不覺(불각) | 알아차리지 못하다. 의식하지 못하다. 느끼지 못하다.
今朝(금조) | 오늘 아침.
驚(경) | 놀라다.
在(재) | ~에서.
漢江頭(한강두) | 한강 머리. 한강이 장강으로 합류하는 출구. 한강은 한수漢水 혹은 면수沔水라고도 부른다. 장강長江 유역 가운데 으뜸으로 섬서성陝西省에서 발원하여 호북성湖北省 무한武漢에서 장강으로 합류한다.

이단공이 낚시를 하고 돌아왔다는 말을 듣고 부침
聞李端公垂釣回寄贈

한없는 연꽃 향기 여름 옷에 물들이고,
완랑은 어디에서 뱃놀이하다 오셨나요.
스스로 부끄러워요. 원앙 짝이 오히려 쌍쌍이.
낚시터에 가까이 갈 수 있는 것만 못해서요.

無限荷香染暑衣,
阮郎何處弄舡歸.
自慚不及鴛鴦侶,
猶得雙雙近釣磯.

聞(문) | 듣다.

李端公(이단공) | 이정李郢(약 817-880, 자 초망楚望, 장안長安 사람)을 가리킨다. 나이 마흔(856년)에 진사에 급제하여 장안에서 약 10년간 벼슬살이를 하였고, 시어사侍御史에 이르렀기 때문에 단공端公(시어사의 별칭)이라고 불렀다. 신문방辛文房의 《당재자전》에서는 그가 "나가면 산수의 감흥이 있고, 들어오면 거문고와 서예의 즐거움이 있다.出有山水之興, 入有琴書之娛."(《唐才子傳》)라고 묘사하였다.

垂釣(수조) | 낚시하다.

回(회) | 되돌아오다.

寄贈(기증) | 부쳐 보내다.

無限(무한) | 한없다. 무한하다.

荷香(하향) | 연꽃 향기. 《명원시귀》에는 '하화荷花'라고 되어 있다.

작품설명

이 시의 제목은 《만수당인절구》에는 '문이단공수조회聞李端公垂釣回'라고 되어 있다. 이단공이 낚시를 하고 돌아왔다는 소식을 듣고 보낸 시이다. 어현기가 이영에게 보낸 시는 이외에도 〈이영이 여름날 낚시하고 돌아와 보여 주신 것에 답하여酬李郢夏日釣魚回見示〉라는 시가 있다. 이 시는 일종의 구애시이다. 첫 구의 "연꽃향기가 옷을 물들였다荷香染衣"에서 낚시를 하고 돌아왔다는 것을 알 수 있다. '무한無限'에서는 시간이 오래 경과했다는 것을 암시하는데, 그렇게 오래도록 '어느 곳(何處)'(두 번째 구절)에서 낚시를 하였는지조차 시인은 알 수 없으니 차라리 낚시터에 있어 가까이 갈 수 있는 원앙이 부러울 따름이다. 어현기가 이영을 완랑으로 부른 것은 이영에게 애정을 표시하여 첩이 되고자 하는 뜻이 있는지도 모른다. '하향夏香'과 '서의暑衣' 등의 시어에서 이 시의 시간적 배경은 모두 여름임을 알 수 있다. 종성은 《명원시귀》에서 이 시에 대해

染(염) | 물들이다.

暑衣(서의) | 여름 옷.

阮郞(완랑) | 후한後漢의 완조阮肇를 가리킨다. 여자에게 사랑받는 남자를 가리킨다. 《소흥부지紹興府志》에 따르면 동한東漢시대 섬계剡溪(절강성浙江省 소속) 사람 완조와 유신劉晨이 천태산天台山에 들어갔다가 상류에 인가가 있다고 생각하여 산속 깊이 들어가니 두 명의 미인이 그들을 맞이하며 주연을 베풀고 환대를 하였다. 그곳에서 반년 정도 머물다 집으로 돌아와 보니 이미 7대가 지나 진晋나라 태강太康 8년이 되었다는 고사가 있다. 이 고사로 완랑阮郎과 유랑劉郎은 선녀에게 대접을 받느라 시간 가는 줄 모르는 남자를 표현한다. 이곳에서는 이단공을 가리킨다.

何處(하처) | 어디, 어떤 장소, 어느 곳.

弄舡(농선) | 뱃놀이하다. 선舡은 선船의 속자.

歸(귀) | 돌아오다.

自(자) | 스스로.

慚(점) | 부끄러워하다.

不及(불급) | 미치지 못하다.

鴛鴦(원앙) | 원앙.

侶(려) | 짝, 커플.

"제목은 낚시하고 돌아왔기에 부쳐 보내는 것인데 오히려 이처럼 아름답고 고우니, 건드리는 곳마다 다정이라는 두 글자를 지울 수 없다.題是垂釣回寄贈, 却得如此綺麗, 是觸處抹殺不得多情二字."라고 말하였다.

猶(유) | 오히려.
得(득) | ~할 수 있다.
雙雙(쌍쌍) | 쌍쌍이.
近(근) | 가까이 가다. 다가가다. 접근하다. 《만수당인절구》에는 '요遶'로 되어 있고, 《명원시귀》에는 '방傍'으로 되어 있다.
釣磯(조기) | 낚시터. 물가에 도드라진 암석, 이곳에 앉아서 낚시를 할 수 있다. 전하여 낚시터로 쓰인다.

임 처사가 자복사를 만들었기에 쓰다
題任處士刱資福寺

은둔자가 기묘한 경계를 만들어,
여행객이 가는 길에 머무르지요.
분칠한 벽에 부질없이 글자를 남겼고,
연꽃 궁궐은 아직까지 이름이 없었죠.
못을 파내니 샘이 저절로 나오고,
길을 뚫으니 풀이 다시 살아났죠.
백 척의 금빛 장식의 탑누각은,
냇물 대하며 시야를 훤히 넓혀요.

幽人刱奇境,
遊客駐行程.
粉壁空留字,
蓮宮未有名.
鑿池泉自出,
開徑草重生.
百尺金輪閣,
當川豁眼明.

작품설명

이 시의 제목은 《문원영화文苑英華》에서는 〈제임처사수정사題任處士修精舍〉라고 하였다. 임 처사가 자복사를 창건하였기에 느낌을 받아 적은 시이다. 처음 두 구와 마지막 두 구는 현재의 이 사찰의 모습이다. 제3, 4구는 사찰이 창건되기 이전의 모습이다. 5, 6구는 사찰을 창건하는 과정의 신비로움을 묘사하고 있는데 사찰의 이름인 자복資福(복을 얻다, 복을 빌다)의 의미에 부합된다. 원대元代의 방회方回는 《영규율수瀛奎律髓》에서 이 시에 대해 "처음 창건한 사찰에 대해 쓴 것이기 때문에 그래서 '사찰은 아직 이름이 없었다.'라고 하였다. 5, 6구는 비록 천근하지만 또한 맛

題(제) | 쓰다, 적다. 제시題詩는 어떤 일이나 물건, 글씨, 그림 등에 대한 느낌을 시로 쓴 것이다. 대부분 벽이나 기둥, 서화나 기물에 적었다.
任處士(임처사) | 임씨 성을 지닌 처사, 처사는 벼슬하지 않고 민간에 있는 사람을 가리킨다.
刱(창) | 만들다. 창創의 속자.
資福寺(자복사) | 사찰 이름, 정확한 위치는 알 수 없다.
幽人(유인) | 속세를 벗어난 사람, 운둔자, 여기서는 임 처사를 가리킨다.
奇境(기경) | 범속하지 않은 지역, 여기서는 자복사의 경내를 말한다.
遊客(유객) | 여행객, 관광객.
駐(주) | 머무르다.
行程(행정) | 가는 길, 노정路程, 여정旅程.
粉壁(분벽) | 흰 흙으로 칠한 벽.
空(공) | 부질없이.
留字(유자) | 글자를 남기다.
蓮宮(연궁) | 사찰, 연사蓮舍라고도 한다.
未有(미유) | 아직 ~이(가) 없다. 있은 적이 없다.
名(명) | 이름.
鑿(착) | 파다.
池(지) | 연못.
泉(천) | 샘.
自(자) | 저절로.
出(출) | 나오다.
開(개) | (길을) 뚫다. 개통하다.
徑(경) | 작은 길.

이 없는 것은 아니다.題初創寺，故云'蓮宮未有名'.五,六雖淺近，亦不爲無味."라고 평하였다.

草(초) | 풀.
重(중) | 다시.
生(생) | 살아나다.
百尺(백척) | 백 척. 높이가 높은 것을 비유한다.
金輪閣(금륜각) | 불교사찰의 탑누각. 지붕 정상에 일곱 바퀴 혹은 다섯 바퀴의 금빛 장식이 있다. 여기서는 자복사資福寺를 가리킨다.
當(당) | 마주하다. 향하다.
豁眼(활안) | 시야를 넓히다.
明(명) | 훤히, 밝게.

은무정에 쓰다
題隱霧亭

봄꽃과 가을 달이 시편으로 들어오고,
대낮과 맑은 밤은 관직 없는 신선이네.
다만 구슬발을 말아 올려 내린 적 없고,
항상 평상 하나 옮겨 산을 대하고 잠자네.

春花秋月入詩篇,
白日淸宵是散仙.
空捲珠簾不曾下,
長移一榻對山眠.

題(제) | 쓰다, 적다. 제시題詩는 어떤 일이나 물건, 글씨, 그림 등에 대한 느낌을 시로 쓴 것이다. 대부분 벽이나 기둥, 서화나 기물에 적었다.
隱霧亭(은무정) | 정자 이름. 운무 속에 숨어 있는 정자라는 뜻. 악주鄂州(무창武昌)의 산속에 있는 정자일 것으로 짐작된다.
春花(춘화) | 봄 꽃.
秋月(추월) | 가을 달.
入詩篇(입시편) | 자신이 지은 시 속으로 들어오다. '입入'은 들어오다, 시편詩篇은 시 작품.
白日(백일) | 대낮.
淸宵(청소) | 맑고 고요한 밤.
是(시) | ~이다. 시是가 ~이다라는 의미로 쓰인 사례는 당시唐詩에서 빈번하다.

작품설명

시인은 이억에게 버림받고 마음의 상처를 크게 받은 뒤 이곳 은무성에서 지낸 것으로 보인다. 진문화는 이 시가 여관女冠(여도사)의 생활을 노래하였다고 하였다. 어현기는 함통咸通 3년(862)에 여관이 되어 함통 9년(868)에 피살되었으므로 약 6년 동안 이 생활을 하였다. 관직 없는 신선(산선散仙)이라는 표현이 이때의 생활을 압축적으로 표현하고 있다. 당대唐代의 여도사는 절반은 창기와 같은 생활을 하였지만 그래도 명색이 수도를 하는 도사였기 때문에 어느 일상은 도사가 누리는 한가로움을 만끽하기도 하였을 것이다. 종성은 《명원시귀》에서 이 시에 대해 "경물과 사실이 모두 우아한 운치가 있도록 그렸다.景事皆寫得有雅致."라고 평하였다.

散仙(산선) | 도교 용어. 관직이 없는 신선. 도교에서는 하늘나라 신선을 관직이 있는 자와 없는 자 둘로 구분하는데, 옥황상제에게 아직 관직을 받지 못한 자를 산선散仙이라고 하였다. 산散은 한가롭다는 뜻이다.

空(공) | 다만.

捲(권) | 말다. 감아 말다.

珠簾(주렴) | 구슬 발, 주렴.

不曾(불증) | (일찍이) ~한 적이 없다.

下(하) | 내리다.

長(장) | 늘, 항상.

移(이) | 옮기다.

榻(탑) | 길고 좁게 만든 평상.

對山(대산) | 산을 마주하다.

眠(면) | 잠자다.

중양절에 비에 가로막혀
重陽阻雨

뜰 가득 노란 국화 울타리가에 터져 있고,
두 송이 연꽃은 거울 속에 피어 있어요.
낙모대 앞에서 비바람이 가로막으니,
어디서 국화꽃잎 술잔에 취해 볼까요.

滿庭黃菊籬邊拆,
兩朵芙蓉鏡裏開.
落帽臺前風雨阻,
不知何處醉金杯.

重陽(중양) | 음력 9월 9일, 9는 홀수(양수陽數)의 끝 수로 양수가 두 번 겹쳤다고 해서 중양重陽이라고 한다.
阻雨(조우) | 비에 가로막히다. 비를 만나 저지되다.
滿(만) | 가득하다.
庭(정) | 뜰.
黃菊(황국) | 노란 국화.
籬邊(이변) | 울타리가.
拆(탁) | 터지다. 피어나다. 초목이 싹이 트다. 탁坼과 통용한다.
兩朵(양타) | 두 송이. 타朵는 송이.

작품설명

중양절에는 교외의 높은 곳으로 올라가 수유茱萸를 머리에 꽂고 국화 꽃잎을 띄운 술을 마시며 사악한 기운을 쫓는 풍속이 있다. 그런데 중양절에 비바람이 몰아쳐 높은 곳에 오를 수도 없고 여러 사람들과 함께 어울려 국화주를 마시며 노닐지도 못하게 되었다. 이 시는 그 안타까운 심정을 담았다.

芙蓉(부용) | 연꽃, 강동江東 사람은 연꽃을 부용芙蓉이라고 하였다. 이 구절은 거울을 마주하고 자신을 보니 두 볼이 연꽃(부용)처럼 붉다는 것을 말한 것이다. 두 볼의 아름다움을 연꽃에 비유한 것으로 옛 사람들은 항상 부용으로써 아름다운 여자의 얼굴을 비유하였다. 진문화는 술에 취한 것을 비유한다고 하였는데, 마지막 구절의 표현으로 보면 아직 술에 취한 것은 아니므로 꼭 그렇게 볼 필요는 없겠다.

鏡裏(경리) | 거울 속.

開(개) | (꽃이) 피다.

落帽臺前(낙모대전) | 낙모대 앞. 이 시의 낙모대는 중양절에 모여서 연회를 하기로 한 장소를 비유하였다. 진晋의 맹가孟嘉가 환온桓溫의 참군參軍(서기書記)으로 있었을 때 중양절에 환온을 따라 용산龍山으로 가서 잔치에 참가하였는데, 바람이 불어 그의 모자가 떨어졌는데도 그것을 알아채지 못하자 환온이 글로써 그것을 놀리게 하였고, 맹가가 답글을 지었는데 그 문장이 대단히 훌륭해서 모두가 찬탄하였다고 한다. 이 일을 기념하여 이 산에 낙모대落帽臺를 세웠다고 하며, 이로 인해 후대에는 중양절을 "낙모지신落帽之辰"이라고 하였다. 용산은 호북성湖北省 강릉江陵에 있으며 어현기의 시에 〈강릉에서 근심으로 바라보며 이억에게 부침江陵愁望寄子安〉이라는 시가 있는 것으로 보아 여기서 낙모대는 실제로 그 낙모대일 수도 있다.

風雨(풍우) | 비바람.

阻(조) | 가로막히다. 저지되다.

不知(부지) | 모르다.

何處(하처) | 어디, 어느 곳.

醉(취) | 취하다.

金杯(금배) | 금배金杯는 일반적으로 아름다운 술잔을 가리키는데, 이 시에서는 황금빛의 노란 국화꽃잎을 띄운 술잔을 가리킨다. 금술잔이 아니다. 이 시에 나오는 노란 국화(황국黃菊)는 황금국화(금국金菊)라고도 한다.

초가을
早秋

어린 국화 새 빛깔을 머금었고,
먼 산에는 저녁연기 한가롭네.
서늘한 바람은 푸른 나무 놀래키고,
청아한 운치는 붉은 줄로 들어오네.
그리움에 젖은 아내는 베틀 속 비단에,
수자리에 있는 사람은 변경 밖 하늘에.
기러기 날고 물고기 물에 있어,
서신을 어찌 전해야 할런지.

嫩菊含新彩,
遠山閑夕煙.
涼風驚綠樹,
清韻入朱弦.
思婦機中錦,
征人塞外天.
雁飛魚在水,
書信若爲傳.

작품설명

초가을의 그리움을 그리고 있다. 초가을의 경치를 보고 남방의 '그리움에 빠진 여인(사부思婦)'이 북방의 '수자리에 있는 사람(정인征人)'을 그리워하고 있다. 어린 국화가 막 피어난 빛을 머금고, 먼 산에 해가 질 때의 엷은 안개는 산허리에서 끊긴다. 서늘한 바람이 녹색의 수목을 놀래키며 두렵게 하고, 바람이 푸른 나무에 불어와 맑고 차가운 운율을 만들어 붉은색의 현의 악보로 들어간다. 남편을 그리워하는 부인은 비단에 그리움을 한 자 한 자 짜 넣고, 멀리 있는 남편은 변경에서 남쪽을 바라보며 고향을 생각한다. 그런데 기러기는 날고 있고 물고기는 물에 있으니 어떻게 서신을 전하겠는가. 종성은《명원시귀》에서 이 시에 대해 "이와 같은 시는 모두 기운이 신령스럽게 돌아가고 곱고 두터워 충

早秋(조추) | 초가을. 음력 7·8·9월, 3개월이 가을인데 초가을은 음력 7월임.
嫩菊(눈국) | 어린 국화.
含(함) | 머금다.
新彩(신채) | 새 빛깔.
閑(한) | 조용하고 공허함, 이곳에서는 적막하고 쓸쓸한 뜻이 있다.
夕烟(석연) | 해가 질 때 땅에서 올라오는 수증기가 응결되어 생기는 엷은 안개(박무薄霧).
凉風(양풍) | 가을이 되어 불어오는 서늘한 바람.
驚(경) | 놀라게 하다. 동사의 사동 용법, 서늘한 바람이 푸른 나무를 놀라게 함은 가을철에 서늘한 바람이 불어와 푸른 잎이 시들려고 하는 것을 가리킨다.
綠樹(녹수) | 푸른 나무, 푸른 잎이 무성한 나무.
清韻(청운) | 맑고 곱고 조화로운 소리 혹은 운치.
朱絃(주현) | 붉은 줄, 거문고의 붉은 줄을 말한다.
思婦(사부) | 남편을 그리워하는 아내.
機中錦(기중금) | 진晋의 두도竇滔의 아내 소혜蘇蕙가 쓴 직금회문織錦回文을 말한다. 비단에 짜넣은 회문시回文詩로 처음부터 읽으나 끝에서 거꾸로 읽으나 모두 뜻이 통하게 지은 글을 말한다. 진의 두도는 양양襄陽으로 부임할 때 애첩 조양대趙陽臺가 따라가려 하자 본처인 소혜는 남겨 두고 떠났다. 남편과 소식이 끊어진 소혜는 상심하여 비단에 오색으로 시를 짜넣어 남편에게 보냈고, 회문시를 읽은 남편은 감동하여 애첩을 보내고 아내를 맞아들였다고 한다.
征人(정인) | 수자리(국경을 지키던 일)에 있는 사람, 변경을 지키는 군인.

분히 전달하는 데 달려 있다. 다른 사람이 새기고 깎은 말이 깊고 빼어나지 않는 것은 아니지만 이렇게 응집되어 고요하고 조화롭고 심원함은 없다.此等詩, 俱在氣韻靈轉, 而雅厚足以達之. 他人作刓削語, 非不深秀, 却無此凝靜而和遠也."라고 하였다.

塞外(새외) | 만리장성 이북 지역. 고대에는 전쟁을 치르러 자주 변경 밖(새외塞外)으로 갔는데, 또한 새북塞北이라고도 한다.

雁飛魚在水(안비어재수) | 기러기는 날고, 물고기는 물에 있다. 옛 사람들은 기러기와 물고기 모두 서신을 전할 수 있다고 여겼기 때문에 기러기와 물고기는 모두 서신을 전달하는 사자를 비유한다.

書信(서신) | 서신.

若爲(약위) | 어떻게. 여하如何와 같다.

傳(전) | 전하다.

감회를 다른 사람에게 보냅니다
感懷寄人

한을 붉은 줄 위에 맡기려는데,
정을 품고 있어 맘대로 못하네요.
일찌감치 알았지요. 운우지정이,
여자의 맘을 일으키지 못함을요.
화려하게 피어난 복숭아, 자두나무는,
나라의 선비가 찾음을 거리끼지 않구요.
푸르게 자란 소나무와 계수나무는,
여전히 세인의 공경을 탐내지요.
달빛은 이끼 낀 섬돌에 깨끗하고,
노랫소리는 대나무 뜰에 깊어요.
대문 앞의 단풍잎 떨어진 땅은,
쓸지 않고 지음을 기다리지요.

恨寄朱弦上,
含情意不任.
早知雲雨會,
未起蕙蘭心.
灼灼桃兼李,
無妨國士尋.
蒼蒼松與桂,

仍羨世人欽.
月色苔堦淨,
歌聲竹院深.
門前紅葉地,
不掃待知音.

感懷(감회) | 감회, 가슴속의 생각.
寄(기) | 보내다. 부치다.
人(인) | 다른 사람.
恨(한) | 한.
寄(기) | 맡기다, 보내다.
朱弦(주현) | 붉은 줄, 거문고나 비파와 같은 현악기를 가리킨다.
含情(함정) | 감정을 품다. 깊은 정을 품다.
意不任(의불임) | 마음대로 하지 못하다. 의意(뜻)를 불임不任(마음대로 하지 못하다. 임任은 마음대로 하게 하다. 내버려두다. 자유에 맡기다)하다는 말로 의意가 목적어이고 불임不任이 동사로 목적어를 앞에 제시한 구조로 풀이하였다. 일반적으로는 동사+목적어 형태로 임의任意(그 뜻을 마음대로 하게 하다)라고 한다.
早知(조지) | 진즉에 알다. 일찌감치 알다.
雲雨會(운우회) | 운우지정, 남녀가 나누는 사랑.
未(미) | 아직 ~하지 않다.
起(기) | 일으키다. 발생하다. 생기다.
蕙蘭心(혜란심) | 혜란의 마음, 여자의 마음, 어현기의 마음. 혜란蕙蘭은 난초의 일종으로 곱고 깨끗하고 아름다운 것을 비유하며 대부분 여자를 가리킬 때 사용한다. 따라서 혜란의 마음은 여자의 마음을 의미한다. 한편 혜란은 어현기魚玄機의 자字이기도 하므로 여기에서는 어현기의 마음, 어현기 자신을 가리키는 것으로 읽을 수 있다.
灼灼(작작) | 아름다운 모양.
桃兼李(도겸리) | 복숭아나무와 자두나무, 겸兼은 병렬관계를 나타내는 ~와, 과. 도리桃李는 기르는 후배나 가르치는 문하생을 비유한다.
無妨(무방) | 거리끼지 않다.
國士(국사) | 국민이 추대하고 앙망하는 선비.

작품설명

이 시는 이억에게 버림받고 함의관咸宜觀에 머물렀을 때 지은 것으로 생각된다. 일회성의 운우지정으로는 여자의 마음을 사로잡을 수 없으며, 그녀가 진정으로 원하는 것은 '지음知音'이라는 것을 단호하게 드러내고 있다.

尋(심) | 찾다.

蒼蒼(창창) | 무성한 모양.

松與桂(송여계) | 소나무와 계수나무, 훌륭한 남성을 비유한다.

仍(잉) | 여전히.

羨(선) | 탐내다.

世人(세인) | 세상 사람, 일반인.

欽(흠) | 공경하다. 원본에는 이 글자가 빠져 있는데, 《명원시귀》와 《전당시》 등에서는 흠欽이라고 되어 있다.

月色(월색) | 달빛

苔堦(태계) | 이끼가 자라는 섬돌. 계堦는 계階와 같은 글자이다.

淨(정) | 깨끗하다.

歌聲(가성) | 노랫소리.

竹院(죽원) | 대나무 뜰.

門前(문전) 이하 두 구절 | 가을의 단풍잎(홍엽紅葉)이 땅에 떨어졌는데도 쓸어 버리지 않는(불소不掃) 것은 그 낙엽을 밟는 소리를 내며 찾아오는 지음을 위해서라는 것이다. 이 구절은 동한東漢의 두밀杜密의 '소궤'이야기를 반대로 사용하였다. 《후한서後漢書, 두밀전杜密傳》에 의하면 "문을 닫고 길을 소제하니 간여하는 바가 없다.(閉門掃軌, 無所干及.)"라는 말이 나오는데, 이 때문에 '소궤掃軌는 세상 사람과 두절한다는 의미로 쓰인다. 그런데 어현기가 문 앞의 붉은 잎을 쓸지 않는다고 한 것은 자신이 비록 도사이지만 도리어 세상 사람들과 격리되고 싶지 않다는 것을 말한 것이다.

知音(지음) | 자신의 마음을 알아주는 친구, '지음'은 《열자列子》, 〈탕문편湯問篇〉에 나오는 백아伯牙와 종자기鍾子期의 고사에서 나온 것으로 백아는 거문고를 잘 타고, 그의 친구 종자기는 음악에 밝아 백아의 음악세계를 알아주었는데, 종자기가 죽자 백아는 자신의 소리를 알아주는 이가 없어졌다며 거문고의 줄을 끊어 버렸다.

벗과 약속했는데 비에 막혀 오지 않네
期友人阻雨不至

기러기와 물고기 부질없이 기별 있어,
통닭과 기장밥이 기약 없어 원망해요.
문을 닫는데 한창 달을 감싸더니,
주렴 걷는데 이미 실을 흩뿌려요.
근처 샘물은 섬돌가에 울부짖고,
멀리 물결은 강가까지 불었어요.
향수에 젖은 슬픈 가을 나그네가,
구슬피 오언시를 읊고 있네요.

鴈魚空有信,
雞黍恨無期.
閉戶方籠月,
褰簾已散絲.
近泉鳴砌畔,
遠浪漲江湄.
鄉思悲秋客,
愁吟五字詩.

작품설명

친구가 오기로 하였는데 비에 가로막혀 오지 않아 쓴 편지이다. 친구가 온다는 소식이 있어 대접할 준비를 잔뜩 하였는데 빗줄기가 흩뿌리기 시작하더니 물이 강가까지 차올랐다. 이런 큰 비에 벗이 올리는 만무하고 근심에 젖어 시나 읊어 볼 수밖에. 이 시 역시 율시의 미학 조건

期(기) | 기약하다. 약속하다.
友人(우인) | 벗.
阻雨(조우) | 비에 가로막히다.
不至(부지) | 오지 않다.
鴈魚(안어) | 기러기와 물고기. 고대 중국인들은 기러기와 물고기가 서신을 전할 수 있다고 믿었다.
空(공) | 부질없이.
有信(유신) | 기별이 있다. 소식이 있다. 신信은 기별, 소식을 의미한다.
鷄黍(계서) | 닭과 기장. 닭을 잡고 기장밥을 지어 손님을 대접한다는 뜻이다. '계서지관鷄黍之款'이라고 한다.
恨(한) | 원망하다.
無期(무기) | 기약이 없다. 언제까지인지 알 수 없다.
閇戶(폐호) | 문을 닫다.
方(방) | 한창, 바야흐로.
籠(농) | 덮다.
褰簾(건렴) | 대나무 발을 걷어 올리다.
已(이) | 이미.
散絲(산사) | 실을 흩뿌리다. 빗줄기가 흩뿌리는 것을 형용한 것이다.
近泉(근천) | 근처에 있는 샘물.
鳴(명) | 울다.
砌畔(체반) | 섬돌가.
遠浪(원랑) | 멀리 보이는 물결.
漲(장) | 물이 불다.
江湄(강미) | 강가. 미湄는 물가, 물과 풀이 서로 이어지는 곳.
鄕思(향사) | 향수.
悲秋客(비추객) | 슬픈 가을 나그네. 비추悲秋는 소슬한 가을풍경을 보고 비애를 느끼다. 두보杜甫의 시 〈높은 곳에 올라登高〉에 "만리에 슬픈 가을, 언제나 나그네일세萬里悲秋常作客"라는 구절이 있다.
愁吟(수음) | 구슬프게 읊조리다.
五字詩(오자시) | 오언시.

인 제2연과 제3연의 대우구성을 정교한 글자배치를 통해 구현하고 있다. 형식적 기교 속에 감정을 다 담아내는 기술이 놀랍다.

조 연사를 찾아왔다가 만나지 못하고
訪趙鍊師不遇

어디에서 도반과 함께 하느라,
시동만이 혼자서 집에 있네요.
따뜻한 난로에는 달인 약이 남아 있고,
이웃의 수련원은 차를 끓이고 있지요.
그림 벽에 등잔 불빛은 어두워지고.
깃발 꽂은 장대, 해 그림자 기울어요.
은근히 거듭 고개 돌려 보노라니,
담장 밖에는 몇 가지 꽃송이네요.

何處同仙侶,
青衣獨在家.
暖爐留煮藥,
鄰院爲煎茶.
畫壁燈光暗,
幡竿日影斜.
慇懃重回首,
墻外數枝花.

작품설명

이 시는 벗을 찾아갔으나 만나지 못해 지은 시이다. 도사 친구가 사는 집의 풍경을 세밀하게 묘사하고 기다려도 오지 않는 벗에 대한 진한 미련을 그리고 있다.

원대元代의 방회方回는 이 시에 대해 "끝 구는 상당히 가볍고 속되며, 가운데 네 구는 오히려 모두 아름답다.尾句頗輕俗, 中四句却俱佳."(《瀛奎律髓》)라고 평하였는데, 이에 대해 기윤紀昀이 다시 비평하길 "끝 구에서 매우

訪(방) | 찾다, 방문하다.

趙鍊師(조 연사) | 조씨 성을 지닌 도사, 누구인지 알 수 없다.

不遇(불우) | 만나지 못하다.

何處(하처) | 어디, 어느 곳.

同(동) | ~와, ~과.

仙侶(선려) | 신선의 반려, 여기서는 도반을 가리킨다.

靑衣(청의) | 시동, 옛날에는 신분이 낮은 사람이 푸른 옷을 입었기 때문에 시녀나 궁녀, 시동, 악공, 심부름꾼 등을 가리킨다.

獨(독) | 홀로.

在家(재가) | 집에 있다.

暖爐(난로) | 난로.

留(류) | 남아 있다.

煮藥(자약) | 달인 약.

鄰(린) | 이웃.

院(원) | 도교 사원, 도관道觀.

爲(위) | ~에게(~을 해 주다), ~을 위하여(~을 하다), 행위의 대상을 나타낸다. 위爲 뒤에 목적어가 생략되어 있는 전치사(전치사+목적어) 구조로 위爲 뒤에 나(시인)가 생략되어 있고, 뒤의 전차煎茶와 연결되어 나에게(나를 위하여) 차를 끓여 주다는 의미이다.

煎茶(전차) | 차를 끓이다.

畫壁(화벽) | 벽화가 있는 벽. 당대唐代의 사원이나 도관에는 벽에 불교 혹은 도교와 관련된 인물 고사를 많이 그려 넣었다.

燈光(등광) | 등잔 불빛.

暗(암) | 어둡다.

幡竿(번간) | 깃발을 단 장대, 번幡은 번旛과 같은 뜻으로 사찰이나 도교 사원에 세우는, 좁고 긴 깃발, 간竿은 장대.

日影(일영) | 해 그림자.

아름다운 곳을 진실로 보지 못했으며 또한 가볍고 속되지는 않다. 가운데 네 구가 오히려 아름다운 곳이 없다.尾句固未見甚佳處, 亦未輕俗. 中四句却無佳處."(《영규율수瀛奎律髓》)라고 하였으니 시를 보는 눈이 이렇게 사람마다 다른 것이다.

斜(사) | 기울다.
殷勤(은근) | 은근히. 겉으로 나타내지는 아니하지만 속으로 생각하는 정도가 깊고 간절하게.
重(중) | 거듭.
回首(회수) | 고개를 돌리다.
墻外(장외) | 담장 밖.
數枝(수지) | 몇 가지.
花(화) | 꽃.

마음속을 끌어내어
導懷

한가롭게 이 몸은 할 일 없어
풍광을 나 홀로 유람한다네.
조각 구름과 강 위의 달,
출범하는 바닷속 배일세.
거문고는 소량사에서 퉁기고,
시는 유량루에서 읊조린다네.
대나무 덤불은 벗이 되어 줄 만하고,
조각돌은 친구 되기 좋아한다네.
제비와 참새가 다만 귀하니,
금은은 구하지 않으려 하네.
잔에 가득 찬 봄술 빛깔 푸르르고,
달을 마주한 밤 거문고 그윽하네.
섬돌을 돌며 늪을 깨끗하게 하고,
비녀를 뽑아 잔물결에 비춰 본다네.
침상에는 서책이 널부러져 있고,
반쯤 취해 일어나 머리 빗는다네.

閑散身無事,
風光獨自遊.
斷雲江上月,

解纜海中舟.
琴弄蕭梁寺,
詩吟庾亮樓.
叢篁堪作伴,
片石好爲儔.
燕雀徒爲貴,
金銀志不求.
滿杯春酒綠,
對月夜琴幽.
遶砌澄淸沼,
抽簷映細流.
臥床書冊遍,
半醉起梳頭.

導懷(도회) | 마음속을 끌어내다. 마음속에 있는 것을 꺼내어 밖으로 드러내다. 이 제목은 《명원시귀》, 《전당시》, 《전당시록》 모두에서 "견회遣懷(속내를 드러내다. 속마음을 표현하다. 견흥遣興과 같은 뜻이다)"라고 하였다. 일반적으로 시의 제목에는 '견회'라는 표현이 많으며, 《한어대사전》 등의 큰 사전에서도 '도회導懷'라는 어휘는 없고, 견회, 견흥에 대한 풀이만 나온다. 본서에서는 원본을 존중하여 그 제목대로 '도회'라고 풀었다. '도회'는 '견회'와 의미상 큰 차이가 없는 것으로 보인다. 진문화 역시 원본대로 '도회'라고 붙였다.

閑散(한산) | 한가하고 자유롭다.

身(신) | 《전당시록》에 '심心'이라고 되어 있다.

無事(무사) | 할 일이 없다. 한가하여 아무 일도 하지 않다.

風光(풍광) | 풍경, 경치, 풍광.

獨自(독자) | 혼자서, 홀로.

遊(유) | 유람하다. 이리저리 다니다. 떠돌다. 한가롭게 거닐다.

斷雲(단운) | 조각 구름.

江上月(강상월) | 강 위의 달.

解纜(해람) | 배가 출범하다.

작품설명

이 시는 마음속에서 말하고 싶은 것을 끌어내어 마음을 달래는 시이다. 이 시는 오언배율시로 여도사로서의 어현기의 일상이 짐작된다. 정조가 유쾌하여 도사생활에 대한 익숙함과 정서적 안정감을 보여 주고 있다. 특히 "제비와 참새가 다만 귀한 것이니, 금은은 구하지 않으려 하네.燕雀徒爲貴, 金銀志不求."라는 구절에서 여도사로서의 본인의 신조가 분명

海中舟(해중주) | 바닷속 배.
琴(금) | 거문고.
弄(농) | 퉁기다. 연주하다.
蕭梁寺(소량사) | 소량蕭梁은 남조南朝의 양梁나라를 말한다. 이때는 불교를 신봉해서 많은 사찰을 세웠다. 그래서 후대에 시인들이 사찰을 '소사蕭寺'라고 불렀다. 그러므로 여기서 소량사는 특정의 사찰이름이 아니라 일반적인 사찰을 지칭한 것이다.
詩吟(시음) | 시를 읊조리다.
庾亮樓(유량루) | 진晋의 유량庾亮이 정서장군征西將軍으로 무창武昌(호북성湖北省 악주鄂州)에 주둔했을 때 지은 누대. 유량(289-340)은 담론을 좋아하고 노장을 좋아하였다고 한다. 일설에는 강서江西 구강九江에 있다고 하나 시인들이 사용한 것은 무창의 남루南樓를 가리킨다.
叢篁(총황) | 한 무더기 푸른 대나무.
堪(감) | ~할 수 있다. ~할 만하다.
作伴(작반) | 벗이 되다. 곁에 있어 주다. 동반하다.
片石(편석) | 관상용 돌.
好(호) | ~하기를 좋아하다.
爲儔(위주) | 친구가 되다.
燕雀(연작) | 제비나 까치, 연작燕雀은 작고 높이 날지 못하는 새로 지위가 낮은 사람이나 소인배를 비유한다. 여기서는 시인 자신에 대한 비유이다. 이 구절은 자신이 비천한 지위에 처했지만 그러나 여전히 스스로를 깨끗하고 귀하게 여긴다는 것을 말하였다.
徒爲(도위) | 다만. 위爲는 정도를 표시하는 단음절 부사(徒, 極, 甚, 最, 頗 등) 뒤에 붙어서 어감을 강화시키는 역할을 한다. 극위極爲, 심위甚爲, 최위最爲, 파위頗爲 등의 경우와 같다.
貴(귀) | 귀하다. 소중하다.
金銀(금은) | 금과 은.
志(지) | 뜻을 두다.
不求(불구) | 구하지 않다. 바라지 않다.
滿杯春酒綠(만배춘주록) | 잔에 가득 찬 봄 술은 푸르다. 녹綠은 푸르다. 술이 푸르다는 것은 상등의 술을 의미한다. 이 구절은 《명원시귀》, 《전당시록》에서 모두 "만림춘우편滿林春雨遍"이라고 하였다.

히 드러난다. 이 구절의 참새는 그녀의 시 〈겨울밤 온정균님에게冬夜寄溫飛卿〉에 나오는 저녁 참새(모작暮雀)("暮雀啾啾空遶林")라는 구절과 함께 감상해 보면(해당 작품의 작품설명 부분 참조) 참새는 확실히 시인 자신에 대한 비유로 읽을 수 있으며, 그렇게 보면 이 구절은 더욱 의미심장하게 다가온다.

對月(대월) | 달을 마주하다.
夜琴(야금) | 밤 거문고. 《전당시》, 《전당시록》 모두 '야창夜窗'이라고 하였다.
幽(유) | 그윽하다.
遶砌(요체) | 섬돌을 돌다. 체砌는 섬돌, 여기서는 연못 주변의 돌계단을 가리킨다. 《전당시록》에서는 "원체遠砌"라고 하였다.
澄淸(징청) | 맑고 깨끗하게 하다. 물을 대고 붓고 하며, 물위에 떠 있는 오물을 쓸어내려 연못물을 항상 깨끗하게 하는 것을 가리킨다.
沼(소) | 늪, 소.
抽簪(추잠) | 비녀를 뽑다.
映(영) | 비추다.
細流(세류) | 가는 물줄기. 연못가 출입구에 졸졸 흐르는 물.
臥床(와상) | 침상.
書冊(서책) | 서책.
徧(편) | 널리 퍼져 있다.
半醉(반취) | 술에 반쯤 취하다.
起(기) | 일어나다.
梳頭(소두) | 머리를 빗다.

온정균님께
寄飛卿

섬돌엔 어지러이 귀뚜라미 울어대고,
정원의 나뭇가지 연무와 이슬 맑아요.
달 속에서 이웃의 음악 울리고,
누대 위로 먼 산이 밝게 보여요.
고급 대자리에 서늘한 바람이 붙어 있고,
예쁜 거문고에 기탁한 원망이 나오네요.
혜군께서 서찰 보내는 데 게으르시니,
어떤 물건으로 가을 기분을 위로할까요?

堦砌亂蛩鳴,
庭柯煙露清.
月中隣樂響,
樓上遠山明.
珍簟涼風着,
瑤琴寄恨生.
嵇君懶書札,
底物慰秋情.

작품설명

온정균에게 부치는 시이다. 시인은 온정균에게 소식이 오기를 기다리지만 연락은 없다. 때는 가을이라 쓸쓸함과 고독은 더해만 간다. 제1구에서 제6구까지는 가을날의 풍경을 그리고 있고, 마지막 두 구절에서는 시인의 감정을 드러내고 있다. 중국시의 기본 원칙인 선경후정先景後情(경물을 먼저 그리고, 나중에 감정을 그리는 방법)의 방식을 따르고 있으며 율시의 기본 미덕에 따라 함련(제3, 4구)과 경련(제5, 6구)의 대우가 조밀하다. 특히 함련의 "月中隣樂響, 樓上遠山明"의 구조는 월중月中과 누상樓上의 배치가 뒤바뀌어야(누대 위에서 이웃의 음악소리 울리고, 달 속에 먼 산이 밝다) 실제상황에 보다 부합할 텐데 배치를 바꾸어 놓음으로써 오히려 시적 환상이 증폭되는 효과를 보이고 있다.

고급 대자리에 서늘한 바람 불어오니 이제는 저 여름 한철 대자리도 버려지는 신세이다. 마음 두고 있는 그에게서 소식을 받지 못하는 시인의 신세는 저 대자리와도 같다. 가을철의 대자리나 부채는 버림받은 여

寄(기) | 보내다. 부치다.
飛卿(비경) | 온정균의 자. 온정균에 대해서는 어현기의 시 〈겨울밤 온정균님에게冬夜寄溫飛卿〉 주석 참조.
堦砌(계체) | 섬돌.
亂(난) | 어지럽다.
蛩(공) | 귀뚜라미. 실솔蟋蟀이라고도 한다.
鳴(명) | 울다.
庭柯(정가) | 뜰 안의 나뭇가지.
烟露(연로) | 연무와 이슬.
淸(청) | 맑다.
月中(월중) | 달 속.
隣樂(인악) | 이웃의 음악. 인隣은 이웃하다. 근접하다.
響(향) | 울리다.
樓上(누상) | 누대 위. 앞 구절의 월중月中과 대우를 이룬다.
遠山(원산) | 먼 산. 앞 구절의 인악隣樂과 대우를 이룬다.

인을 나타내기 위한 전형적인 시어이다. 소식을 보내오지 않는 온정균은 게으른 혜강嵇康과도 같다. 혜강은 어현기의 다른 시 〈서쪽 마을의 새 이웃에게서 차운을 하고 아울러 술을 청하다次韻西鄰新居兼乞酒〉에서도 등장하는데 그 시에서 시인은 "혜강은 맛난 막걸리 홀로 따르지 마셔요叔夜佳醪莫獨斟."라고 말하며 자신의 호감을 드러내고 있다. 이렇게 본다면 어현기는 자신이 호감을 갖고 있는 남성 인물을 모두 혜강으로 호명하고 있는데, 이 두 시에 등장하는 인물이 동일 인물인지는 확실치 않다.

明(명) | 밝다. 앞 구절의 향響과 대우를 이룬다.
珍簟(진점) | 고급 대자리.
凉風(양풍) | 서늘한 바람.
着(착) | 달라붙다.
瑤琴(요금) | 옥으로 꾸민 거문고. 요瑤는 아름다운 옥.
寄恨(기한) | 기탁한 한, 기탁한 원망. 여기서 한은 온정균에 대한 어현기의 유감을 말한다.
生(생) | 나다. 생기다.
嵇君(혜군) | 온정균을 진晉의 혜강에게 비유하였다. 혜강은 죽림칠현의 한 사람으로 성격이 자유분방하고 게을렀다. 여기서는 온정균이 서신을 보내는 것을 게을리하는 것을 혜강의 성격에 비유하였다.
懶(란) | 게으르다.
書札(서찰) | 서찰.
底物(저물) | 어떤 물건, 하물何物, 차물此物과 같다.
慰(위) | 위로하다.
秋情(추정) | 가을철에 느끼는 쓸쓸한 정서.

악주를 지나며
過鄂州

버들은 난초 노 스치며 꽃송이 가지 가득,
석성의 성 아래 저물녘 돛단배 더디네요.
절패봉 위에는 삼려대부 무덤이 있고,
원화산 머리에 오마의 깃발이 있어요.
백설루 높아서 옛 절에 적혀 있고,
양춘가 있어 새 가사로 바뀌었죠.
막수의 혼백은 맑은 강을 따라 가버리고,
다만 행인에게 만 수의 시를 짓게 하네요.

柳拂蘭橈花滿枝,
石城城下暮帆遲.
折牌峯上三閭墓,
遠火山頭五馬旗.
白雪樓高題舊寺,
陽春歌在換新詞.
莫愁魂逐清江去,
空使行人萬首詩.

작품설명

제목에서 악주를 지난다는 것은 배를 타고 악주성을 지나간다는 뜻이다. 악주는 그 옛날 초楚나라 지방에 속한다. 시인은 이곳을 지나면서 당대를 주름잡았던 시인과 음악 그리고 가수를 떠올리며 감상에 젖는다.

過(과) | 지나가다.
鄂州(악주) | 지금의 호북성湖北省 무창武昌.
柳(류) | 버드나무.
拂(불) | 스치다. 가볍게 스치고 지나가다.
蘭橈(난요) | 난초 노, 작은 배에 대한 미칭. 난초는 시어로 아름답게 수식하기 위한 말.
滿枝(만지) | 가지 가득.
石城(석성) | 석성의 위치에 대해서는 여러 가지 설이 있다. 팽지헌과 장일은 이 시에 나오는 악주鄂州의 강하성江夏城을 가리키는 것이며 강하성이 본래 토성土城인데 당대唐代에 돌로 고쳐지었기 때문에 시인이 석성石城이라고 불렀다고 하였다.(彭志憲, 張燚 著, 《唐代女詩人魚玄機詩編年譯注》, 新疆大學出版社, 1995, p. 13) 제목을 보면 여기서 석성은 악주의 성을 가리킨다고 볼 수 있다. 한편 진문화는 이 석성이 호북성 종상현鍾祥縣에 있으며 진晉나라의 양호羊祜가 형주荊州를 지킬 때 세웠다고 하였다. 뒤의 막수 고사와 연결해 본다면 진문화의 설도 일리가 있다.
城下(성하) | 성 아래.
暮(모) | 저녁, 해질녘.
帆(범) | 돛단배.
遲(지) | 더디다.
折碑峰(절비봉) | 악주 근처에 있는 산으로 짐작된다. 정확한 위치는 알 수 없다. 원본에는 절패折牌라고 되어 있는데, 진문화는 《명원시귀》에 따라 절패折碑로 고쳤다.
上(상) | 위.
三閭墓(삼려묘) | 굴원屈原의 무덤, 삼려三閭는 전국시대 초나라의 시인 굴원을 가리킨다. 굴원은 삼려대부三閭大夫를 지냈다.
遠火山頭(원화산두) | 원화산 머리, 원화산은 악주 부근에 있는 산으로 짐작된다. 정확한 위치는 알 수 없다. 산두山頭는 산머리 즉 산꼭대기를 말한다.
五馬旗(오마기) | 태수의 별칭, 태수의 수레는 다섯 마리의 말이 끈다.
白雪樓(백설루) | 원본에는 누樓로 되어 있고 《명원시귀》와 《전당시》, 《전당시록》에는 모두 조調로 되어 있다. 진문화는 원본을 따라 백설루로 보았는데, 《일통지一統志》에 의하면 백설루는 안륙부安陸府의 성 서쪽에 있다. 그러나 뒷 구절의 '양춘가'와의 대우관계를 본다면 '백설조白雪調'로 보는 것도 문맥상 괜찮다. '백설조'라고 한다면 이 구절은 "백설은 가락이 고상하여 옛 절에 적혀 있고"로 번역해야 한다.
高(고) | 높다.

題(제) | 쓰다, 적다.

舊寺(구사) | 옛 절.

陽春歌(양춘가) | 양춘가. 고상하고 아름다운 노래. 앞의 '백설白雪'과 함께 '양춘백설陽春白雪'은 모두 초나라 지역의 옛날 악곡으로 고상한 악곡의 대표이다.

在(재) | 남아 있다. 존재하다.

換(환) | 바뀌다.

新詞(신사) | 새 가사. 남조시대에 초 지방에서 유행하던 〈석성악石城樂〉과 〈막수악莫愁樂〉을 가리킨다. 옛날에는 이 지역에서 양춘가가 유행하였지만 지금은 〈석성악〉과 〈막수악〉 같은 새로운 노래로 바뀌었다는 뜻.

莫愁(막수) | 막수. 여자이름. 석성石城에 사는 여자로 노래를 매우 잘하였다. 《구당서舊唐書, 음악지音樂志》에 의하면 '막수악'은 '석성악'에서 나왔다. 그런데 〈석성악〉의 석성과 막수莫愁가 살던 석성은 장강長江가에 있는 악주鄂州가 아니라 한수漢水가에 있는 것으로 지금의 호북성 종상현을 가리킨다. 이 현의 서쪽에 막수촌莫愁村이 있다. 종상현의 막수촌 또한 어현기가 한수를 따라 지나간 곳으로 악주에서 그리 멀지 않다.

魂(혼) | 영혼.

逐(축) | 따라가다. 좇아가다.

淸江(청강) | 맑은 강, 여기서는 한수와 장강의 맑은 물빛을 표현한 것이다.

去(거) | 가다.

空(공) | 다만.

使(사) | ~에게~하게 하다.

行人(행인) | 행인.

萬首詩(만수시) | 만 수의 시. 여기서는 명사가 동사로 전환되어 만 수의 시를 짓다는 의미로 쓰였다.

여름날 산에서 살며
夏日山居

신선의 거처 옮겨 이곳으로 오니,
꽃떨기 절로 퍼져 심어 본 적 없어라.
뜰 앞 낮은 나무에 옷걸이 펼치고,
의자 가 새 샘물에 술잔을 띄웠어라.
장랑 난간 살며시 깊은 대나무 길을 전하고,
비단 휘장 언제나 어지러운 책 무더기 가리누나.
한가로이 유람선 타고 밝은 달을 노래하며,
가벼운 바람이 부는 대로 내맡겨 도는구나.

移得仙居此地來,
花叢自遍不曾栽.
庭前亞樹張衣桁,
坐上新泉泛酒杯.
軒檻暗傳深竹徑,
綺羅長擁亂書堆.
閑乘畫舫吟明月,
信任輕風吹却回.

작품설명

산속에 살고 보니 꽃떨기 저절로 피어나 심을 일이 없고, 낮은 나뭇가지에 옷걸이를 걸고, 벤치 가까이에 있는 샘물에 술잔을 띄운다. 처마 아래 난간은 대나무 숲길로 통한다. 방에는 이리저리 쌓여 있는 책 무더기, 화려한 유람선 타고 밝은 달 아래에서 시를 읊조리니 바람이 가

夏日(하일) | 여름날.

山居(산거) | 산에 살다.

移得(이득) | 옮기다. 득得은 조사助詞로 동사 뒤에 사용되어 동작이 이미 완성되었음을 나타낸다. 현대 중국어의 료了[le]와 같은 역할을 한다.

仙居(선거) | 신선이나 도사가 거주하는 곳. 여기서는 어현기 자신의 처소를 가리킨다.

此地(차지) | 이곳.

來(래) | 오다.

花叢(화총) | 꽃무더기, 꽃 밭.

自遍(자편) | 자생으로 온 산에 퍼지다.

不曾(불증) | (일찍이) ~한 적이 없다.

栽(재) | 심다.

庭前(정전) | 뜰 앞.

亞樹(아수) | 가지와 잎이 낮게 드리워진 나무. 여기서 '아亞'는 낮다(저왜低矮)는 의미.

張(장) | 펼치다.

衣桁(의항) | 옷걸이.

坐上(좌상) | 의자 가. 좌坐는 좌座와 통용, 자리, 의자.

新泉(신천) | 새 샘.

泛酒杯(범주배) | 술잔을 띄우다. 굽이치는 물 위에 술잔을 놓아 흘러가는 대로 두고 어떤 이 앞에 멈추면 그 사람이 술을 마셨다.

軒檻(헌함) | 장랑 난간. 헌軒은 창문과 난간이 있는 장랑이고, 함檻은 창문 아래 혹은 장랑 곁의 난간을 가리킨다.

暗(암) | 살며시, 몰래.

傳(전) | 전하다.

深竹徑(심죽경) | 양쪽으로 대나무를 심어서 어둡고 작은 길.

綺羅(기라) | 화려한 비단, 곱고 아름다운 비단 옷, 비단 휘장. 화려하고 아름다운 휘장 등의 뜻이 있는데 본서에서는 비단 휘장으로 풀었다. 비단 옷이 책무더기를 가린다고 풀어도 괜찮다.

長(장) | 늘, 항상.

擁(옹) | 가리다. 둘러싸다.

亂(난) | 어지럽다.

書堆(서퇴) | 책무더기.

볍게 불어와 배를 밀고 당긴다. 여름날 산장의 한적하고 자연스러운 아름다움이 흠씬 느껴지는 작품이다. 황주성은《당시쾌》에서 이 시에 대해 "이와 같이 풍광이 뛰어난 곳을 사용한다면 무슨 일을 하고 싶을지 모를 것이다有如此勝地受用, 不知想作何事."라고 하였다.

閑(한) | 한가롭게.
乘(승) | 타다.
畵舫(화방) | 장식이 화려한 유람선.
吟(음) | 노래하다.
明月(명월) | 밝은 달.
信任(신임) | 완전히 맡겨 버리다. 마음대로 하게 하다.
輕風(경풍) | 가벼운 바람.
吹(취) | 불다.
却回(각회) | 돌다. 운행하다. 회전回轉과 같다.

늦봄의 즉흥시
暮春即事

깊숙한 골목길 궁벽한 집에는 벗들이 적고,
사랑하는 님은 오직 꿈속에만 머무시네.
향기가 비단 옷에 나부끼니 어느 집 연석이고,
바람이 노랫가락 보내오니 어느 곳 누대인지?
거리 가까이 북소리 시끄러워 새벽에 잠이 들고,
뜰은 조용한데 까치 지저귐 어지러워 봄에 시름하네.
어찌 세상일을 쫓아갈 수 있겠는가?
만리 멀리 이 몸은 매여 있지 않은 배와 같네.

深巷窮門少侶儔,
阮郎唯有夢中留.
香飄羅綺誰家席,
風送歌聲何處樓.
街近鼓鼙喧曉睡,
庭閑鵲語亂春愁.
安能追逐人間事,
萬里身同不繫舟.

작품설명

늦봄에 홀로 지내는 적막감을 그리고 있다. 이억에게 버림받고 함의관에서 여도사로 있을 때 지은 것으로 추측한다. 여도사인데도 마음은 수양과 거리가 멀다. 깊숙한 골목, 곤궁한 집에 친구는 없고, 지난날 남편의 얼굴은 단지 꿈속에 남아 있다. 비단 적삼에 꽃향기 날아오니 이는 누구네 집의 연석에서 오는가? 미풍은 노랫소리 보내는데 어느 곳의 누각에서 오는가? 두 구는 장안성 곳곳이 연회가무 중임을 알려 준다. 이 연회 소리가 밤낮으로 울려 벗이 드문 어현기의 궁문심항과 대조를

暮春(모춘) | 늦봄.
卽事(즉사) | 즉흥시. 그 자리에서 듣고 보거나 가슴에 떠오른 일을 제목으로 붙여 그 자리에서 지은 시.
深巷窮門(심항궁문) | 깊숙한 골목과 궁벽한 문. 사는 곳이 편벽되고 인적이 드문 곳을 비유한 것이다.
少(소) | 적다.
侶儔(여주) | 반려 혹은 친구.
阮郎(완랑) | 사랑하는 님 혹은 동한東漢의 완조阮肇. 이곳에서는 애인을 가리킨다. 어현기의 시 〈이단공이 낚시를 하고 돌아왔다는 말을 듣고 부침聞李端公垂釣回寄贈〉의 주석 참조.
唯有(유유) | 다만, 오직.
夢中(몽중) | 꿈속. 몽夢은 몽夢의 속자.
留(류) | 머무르다.
香(향) | 향기.
飄(표) | 나부끼다.
羅綺(나기) | 곱고 아름다운 비단, 비단 옷, 아름다운 의복을 가리킨다.
誰家(수가) | 누구 집, 어느 집.
席(석) | 연석, 주연酒筵.
送(송) | 보내다.
歌聲(가성) | 노랫소리.
何處(하처) | 어느 곳.
樓(루) | 누대.
街(가) | 거리, 항巷(골목길)에 상대되는 큰 거리.
近(근) | 가깝다.
鼓鼙(고빈) | 큰북과 작은북, 고대 군중에서 상용하는 악기.

이루며 어현기는 잠 못든다. 큰 거리 가까이 내가 사는 곳엔 오경을 알리는 북소리가 새벽잠을 깨우고, 대낮의 정원은 도리어 맑고 고요한데 저 까치가 봄날의 애수를 어지럽게 한다. 마지막 두 구는 여도사로서의 마음다짐이다. 세상의 희비애락을 좇아가지 않고 한 척의 묶이지 않은 작은 배와 같은 자유를 구가하고 싶다.

喧(훤) | 시끄럽다. 떠들썩하다. 왁자지껄하다.
曉(효) | 새벽.
睡(수) | 자다. 잠들다.
庭(정) | 뜰, 마당.
閑(한) | 한가롭다.
鵲語(작어) | 까치의 지저귐, 아침에 까치가 시끄럽게 울어대면 그날은 좋은 일이 있을 것이라고 믿었다.
亂(난) | 어지럽다.
愁(수) | 시름하다. 걱정하다.
安能(안능) | 어찌 ~할 수 있겠는가? 기능豈能과 같다. 반어문에 쓰여 '~할 수 없다'는 뜻이다.
追逐(추축) | 쫓다. 추구하다. 도모하다.
人間事(인간사) | 세상일, 세상사.
萬里(만리) | 만리.
身(신) | 이 몸. 나.
同(동) | ~와 같다.
不系舟(불계주) | 매여 있지 않은 배, 설도薛濤의 시 〈고향 생각鄉思〉에도 이 표현이 나온다. 이곳에서는 속세를 떠나 외물에 얽매이지 않는다는 것을 비유하였다.

타인을 대신해서, 죽은 아내를 애도함
代人悼亡

일찍이 어여쁜 복사꽃 보고 옥같은 자태 떠올리고,
바람을 두른 버들이 어여쁜 눈썹인 줄 알았었소.
구슬이 용 굴로 돌아간 것을 누가 보았는지 아오?
거울이 난새 나는 곳에 있으니 누구에게 말하리오?
이제부터 안개비 내리는 밤에는 슬픈 꿈 꿀 것이고,
적적한 때 괴로움을 읊조리는 것을 감당할 수 없겠소.
서산에 해지고 동산에는 달 뜨는데,
한스러운 생각은 끝낼 길이 없구료.

曾覩夭桃想玉姿,
帶風楊柳認蛾眉.
珠歸龍窟知誰見,
鏡在鸞飛話向誰.
從此夢悲煙雨夜,
不堪吟苦寂寥時.
西山日落東山月,
恨想無因有了期.

작품설명

아내는 아름다운 여자였다. 복사꽃의 자태를 보거나 봄 바람에 휘날리는 버들잎을 볼 때면 그녀의 생김새가 떠오른다. 그녀는 용의 턱 아래에서 훔쳐 온 천금의 옥과도 같은 귀한 존재이다. 마지막 구절에서는 흰머리 되도록 함께하려던 아내가 먼저 가버린 것을 한탄하고 있다. 《한시대계》에서는 이 작품이 제목처럼 실제로 누군가를 대신해서 지은

代人(대인) | 대신하다. 타인을 대신하다.

悼亡(도망) | 아내의 죽음을 애도하다. 진晋의 반악潘岳이 아내를 잃어버렸을 때 '도망悼亡'이라는 제목의 시를 3수 지었기 때문에 '도망'은 아내의 죽음을 슬퍼하는 시제가 되었다.

曾(증) | 일찍이.

覩(도) | 보다.

夭桃(요도) | 아름답게 피어난 복사꽃, 여기서는 젊은 여자의 모습을 비유한 것이다.

想(상) | 그리워하다. 보고 싶어하다.

玉姿(옥자) | 아름다운 자태.

帶風(대풍) | 바람을 두르다.

楊柳(양류) | 버들, 여기서는 버들잎을 가리킨다.

認(인) | 알아보다. 식별하다.

蛾眉(아미) | 미인의 눈썹, 나방의 가늘고 긴 촉각을 미인의 아름다운 눈썹에 비유하였다.

珠歸龍窟(용굴) | 구슬이 용굴로 돌아가다. 《장자莊子》의 〈열어구列禦寇〉를 보면 어떤 남자가 깊은 연못에 들어가 용이 잠자고 있는 사이에 그의 턱에서 천금의 값어치가 있는 구슬을 꺼내오는 이야기가 나온다. 여기서는 죽은 아내를 그 천금의 구슬에 비유하였고, 그 구슬이 용굴로 돌아갔다는 것은 그 사람이 죽어 다시 서로 만나기 어렵다는 것을 비유하였다.

知(지) | 알다.

誰(수) | 누가.

見(견) | 보다.

鏡在鸞飛(경재란비) | 거울이 난새 나는 곳에 있다. 난새는 상상의 새 이름으로 봉황과 유사하다. 난새는 자웅이 서로를 지키다가 헤어지면 슬프게 우는데 만약 거울 속의 그림자를 보면 그 슬픔이 더욱 애절해지기 때문에 짝을 잃은 슬픔을 비유할 때 난새를 끌어다 쓴다. 《이원異苑》에 의하면 계빈왕罽賓王의 난새 한 마리가 3년 동안 울지 않자 부인이 "그림자를 보면 운다고 하더라"라고 하자 난새에게 거울을 비추니 난새가 그림자를 보고 슬피 울고는 한밤중에 한 번 떨치더니 절명하였다고 한다. 난비鸞飛는 《전당시》에는 '난대鸞臺'라고 되어 있다.

話(화) | 말하다. 이야기하다.

向誰(향수) | 누굴 향해.

從此(종차) | 이제부터, 지금부터.

것은 아니고 작자가 상상에 의해 지은 것으로 이런 작품을 통해 그녀가 어떤 위로를 받으려고 한 것으로 보았다. 그러면서 이 시에 그려진 아내처럼 죽어서까지 남편이 귀애하는 여인이 되어 보는 것이 아마도 시인에게 몽환적 기쁨을 안겨 주었을 것이라고 보았는데 재미있고 가능한 해석이다.

夢悲(몽비) | 꿈이 슬프다.
煙雨(연우) | 안개비.
不堪(불감) | 감당할 수 없다.
吟苦(음고) | 괴로움을 읊조리다.
寂廖(적료) | 고요하고 쓸쓸함.
日落(일락) | 해가 지다.
東山(동산) | 동산.
月(월) | 달이 뜨다. 여기서는 동사로 사용됨.
恨想(한상) | 한스러운 생각.
無因(무인) | ~할 길(방법)이 없다. 기회가 없다.
有(유) | 있다.
了期(료기) | 종료의 시기.

다른 사람에게 화답하여
和人

망망 대로에 나를 알아주는 이 없고,
저녁 지나 아침 오면 자수 옷을 전당잡히죠.
경대 거울 흐릿하고 매미 같은 귀밑털 헝클어졌고,
박산 난로 따뜻한데 사향 연기 희미하네요.
정이 많은 공자가 봄날에 구절을 남겼는데,
생각 짧은 문군은 대낮에 사립문 닫았네요.
양이 끄는 수레를 아끼지 말고 자주 계속해서 타요,
실버들에 매화가 봉오리 터트려 한창 향기로운 걸요.

茫茫九陌無知己,
暮去朝來典繡衣.
寶匣鏡昏蟬鬢亂,
博山爐暖麝煙微.
多情公子春留句,
少思文君晝掩扉.
莫惜羊車頻列載,
柳絲梅綻正芳菲.

작품설명

이 넓은 세상에 나를 알아주는 이가 한 사람도 없다 하니 마음은 비할 데 없이 궁핍하다. 날마다 입을 거리를 저당잡힌다고 하니 생활마저 궁핍하다. 단장을 하도 하지 않아 거울엔 먼지가 수북하고 머리는 헝클어졌으며 난로의 향기조차 희미하다. 그런데 잠시 집을 비워 둔 사이에 공자가 와서 친절하게 시를 남겨 두었는데 생각이 짧은 나는 외출을 해 버렸으니 아쉽기만 하다. 그래서 다음의 만남을 기약해 본다. 이 시는

和(화) | 화답하다. 제목에 화和가 들어가는 시는 화답시다. 다른 사람이 지은 시에 답하는 시이다.

人(인) | 다른 사람.

茫茫(망망) | 멀고 넓은 모양.

九陌(구맥) | 큰 길. 맥은 두렁으로 밭 사이에 남북으로 통하도록 한 길을 말하지만 나중에는 도회의 길을 일컫게 되었다. 구맥九陌은 한대漢代의 도읍인 장안長安에 있었던 아홉 개의 큰 길을 가리키는데, 후에는 큰 도회지의 대로를 가리키게 되었다. 여기서는 당대唐代의 장안을 말한다.

知己(지기) | 지기, 자신을 참되게 알아주는 이.

暮去朝來(모거조래) | 저녁 지나 아침 오면, 즉 매일처럼.

典(전) | 옷을 전당잡히다. 두보杜甫의 〈곡강 두 수曲江 二首〉에 "아침이 돌아오면 날마다 봄 옷을 전당잡히고朝回日日典春衣"라는 표현이 있다.

繡衣(수의) | 수놓은 옷.

寶匣(보갑) | 경대.

鏡(경) | 거울.

昏(혼) | 흐리다, 닦는 것을 게을리 해서 흐려진 상태.

蟬鬢(선빈) | 고대 부녀자의 머리모양. 여자의 머리카락을 묶은 모양이 매미 날개와 같아서 매미 같은 귀밑털이라고 하였다.

亂(란) | 어지럽다.

博山爐(박산로) | 향로이름, 박산博山 모양의 향로, 박산은 산동성에 있는 산 이름이다. 화로의 형태가 이 산의 모양을 하고 있고 아래 받침대에 숯을 넣어 태우면 위에 있는 향이 연기가 되어 올라가도록 되어 있다.

暖(난): 《명원시귀》와 《전당시록》에 모두 냉冷이라고 되어 있다.

麝煙(사연) | 사향 연기. 사향노루 수컷의 하복부에 있는 향낭을 쪼개어 말린 흑갈색의 가루. 약재나 향료 따위로 쓰이며, 고급 제품으로 평가된다.

微(미) | 희미하다.

多情(다정) | 다정하다. 정이 많다.

이억과 인연이 끊어진 뒤 홀로 도읍으로 돌아와 함의관에서 여도사로서 지내던 어느 날에 손님이 홀로 빈집에 찾아왔다가 시를 두고 간 것에 화답하여 지은 것인지도 모른다.

公子(공자) | 귀족 자제.
留句(유구) | 감상 등을 시문으로 남기다.
少思(소사) | 생각이 짧다. 모자라다. 경솔하다.
文君(문군) | 한나라 사마상여司馬相如의 아내 탁문군卓文君. 여기서는 시인 자신을 말한다.
掩(엄) | 문을 닫다.
扉(비) | 사립문.
莫(막) | ~하지 마라.
惜(석) | 아끼다. 아까워하다.
羊車(양거) | 양이 끄는 소형 수레. 《진서晉書》, 〈호귀빈전胡貴嬪傳〉에 의하면 무제武帝가 궐내에 총애하는 자가 많아 어디로 갈지를 모르자 항상 양이 끄는 수레를 타고 그가 가는 대로 맡겨 두니 궁인들이 양이 좋아하는 대나무 잎을 문에 꽂고 소금물을 땅에 뿌려 임금의 수레를 유인하였다고 한다.
頻(빈) | 자주.
列(열) | 연달아, 계속해서.
載(재) | 타다. 올라타다.
柳絲(유사) | 버들가지, 《명원시귀》에서는 '유록柳綠'이라고 하였고, 《전당시록》에서는 '유서柳舒'라고 하였다.
梅綻(매탄) | 매화꽃 봉오리가 터지는 것.
正(정) | 한창, 마침.
芳菲(방비) | 화초가 아름답고 향기로운 것.

한강을 사이에 두고 이억님께 6언
隔漢江寄子安 六言

강의 남쪽과 강의 북쪽에서 근심으로 바라보며,
서로 그리워하고 서로 생각하며 다만 읊조려요.
원앙은 따사롭게 모래섬에 엎드려 있고,
비오리 한가롭게 귤나무 숲을 날아다녀요.
안개 속에 노랫소리 은은하고,
나루터에 달빛은 침침해요.
정을 품고 있으면 지척이라도 천리가 되는데,
하물며 집집마다 멀리 다듬이소리 들리는데요.

江南江北愁望,
相思相憶空吟.
鴛鴦暖臥沙浦,
鸂鶒閒飛橘林.
煙裏歌聲隱隱,
渡頭月色沉沉.
含情咫尺千里,
況聽家家遠砧.

작품설명

그리움을 노래한 시이다. 사랑하는 사람을 강 건너에 두고 홀로 배에 머물며 강 건너를 바라보며 그리움에 허우적댄다. 정을 품고 있으니 지척의 거리도 천리처럼 멀게만 느껴진다. 사랑의 농도를 멋지게 표현한 구절이다. 이 시는 어현기가 이억과 함께 멀리 양자강 연안까지 여행한 적이 있다는 것을 증명하는 시로 보기도 한다. 이 시는 또한 6언이라는 데 주의할 필요가 있다. 현존하는 어현기의 시에서 6언은 다음에 나오는 〈우언寓言〉이라는 시와 함께 모두 두 수이다. 종성은 《명원시귀》에

隔(격) | 사이에 두다.

漢江(한강) | 한수漢水, 장강長江의 지류로 섬서성 남부에서 발원하여 호북성의 무한武漢을 지나 장강으로 들어간다.

寄(기) | 보내다.

子安(자안) | 어현기의 남편인 이억의 자字.

愁(수) | 근심하다. 걱정하다.

望(망) | (멀리)바라보다.

相思相憶(상사상억) | 서로 그리워하고 서로 생각하다. 여기서는 남편인 이억을 그리워하는 것

空(공) | 다만, 단지.

吟(음) | 읊다.

鴛鴦(원앙) | 원앙새, 원앙새는 암수가 함께 물가에서 생활하며, 문학에서는 부부를 비유한다.

暖(난) | 따사롭다. 따뜻하다.

臥(와) | (동물이) 엎드리다. 웅크리다.

沙浦(사포) | 모래섬.

鸂鶒(계칙) | 비오리, 물새이름. 이 새는 원앙보다 크고 자줏빛이 많아서 '자원앙紫鴛鴦'이라고도 부른다.

閒(한) | 한가롭다.

橘林(귤림) | 귤나무 숲.

煙裏(연리) | 안개 속.

歌聲(가성) | 노랫소리.

隱隱(은은) | 은은한 소리가 아득하여 들릴 듯 말 듯한 모양.

渡頭(도두) | 나루터. 진두津頭, 《재조집》에는 '파두波頭'라고 되어 있다.

月色(월색) | 달빛.

沈沈(침침) | 빛이 약하여 어두컴컴한 모양을 형용함.

서 "육언시는 억지로 맞춘 것이 전혀 없고 한 구를 절반으로 나누어 둘로 만드는 구두를 만들지 않으면 그 법의 고수이다. 그런데 결국 재능이 있는 사람은 안 되는 게 없다. 어현기는 아마도 재원 중의 시성일 것이다.六言詩了無牽合, 不作兩半句讀, 則亦彼法中高手, 然畢竟有才情人, 無所不可. 玄機蓋才媛中之詩聖也."라고 평하였다.

含情(함정) | (마음속에) 정(사랑)을 품다.
咫尺(지척) | 지咫는 주대周代의 제도로 8촌이다. 지척은 짧은 거리를 가리킨다.
千里(천리) | 천 리만큼 먼 곳.
況(황) | 하물며.
聽(청) | 들리다.
家家(가가) | 집집마다.
遠砧(원침) | 먼 데서 들려 오는 다듬이소리. 침砧은 다듬이.

우언 6언
寓言 六言

붉은 복사나무 곳곳마다 봄 빛이고,
푸른 버드나무 집집마다 달 밝네요.
누대에서 새로 단장하고 밤을 기다리고,
규방에서 홀로 앉아 정을 품고 있지요.
연꽃은 달빛 아래, 고기들이 노닐고,
무지개 뜬 하늘가에 참새들 지저귀네요.
인간 세상의 슬픔과 기쁨은 한 바탕 꿈인 것을,
어떻게 하면 쌍성 같은 선녀가 될 수 있을까요?

紅桃處處春色,
碧柳家家月明.
樓上新粧待夜,
閨中獨坐含情.
芙蓉月下魚戲,
螮蝀天邊雀聲.
人世悲歡一夢,
如何得作雙成.

작품설명

육언배율의 시로서 제6구까지는 번갈아 기쁨과 슬픔의 세계를 묘사하고, 제7구에서는 꿈의 세계로 바뀐다. 육언시는 어현기의 유작 가운데 모두 두 수이고, 설도薛濤의 경우 한 수뿐이다. 동시대 시인들의 시집을 들춰 보아도 가끔 보이는 정도이다. 붉은 복사꽃이 곳곳에 피어 한창 봄 빛을 드러내고 푸른 버들가지는 집집마다 하늘거리며 밝은 달의 가을 그림자를 드러낸다. 누대에는 어린 아내가 새로 단장하고 밤이 오길 기다리고, 남편 없는 여자는 창 아래에서 홀로 앉아 하염없이 정을 머금고 있다. 이 두 구는 남편 있는 젊은 여자의 희열과 남편 없는 여자의 근심을 대비시켰다. 달빛 아래 연꽃 아래 고기들이 꼬리를 흔들며

寓言(우언) | 다른 사물을 빌려 의견이나 교훈을 은연중에 나타내는 말.
紅桃(홍도) | 붉은 복사나무.
處處(처처) | 곳곳마다. 도처에.
春色(춘색) | 봄 빛, 봄 경치.
碧柳(벽류) | 푸른 버드나무.
家家(가가) | 집집마다.
月(월) | 달. 원본에는 '월月'이라고 되어 있는데, 진문화는 《재조집》에 근거하여 '엽葉'으로 고쳤다.
明(명) | 밝다.
樓上(루상) | 누대 위.
新粧(신장) | 새로 단장하는 것.
待夜(대야) | 밤을 기다리다.
閨中(규중) | 규방, 부녀자의 침실.
獨坐(독좌) | 홀로 앉다.
含情(함정) | (마음속에) 정(사랑)을 품다.
芙蓉(부용) | 연꽃의 다른 이름, 연꽃은 사모할 연戀과 발음이 같아서 연정의 의미를 내포한다. 또한 부용夫容과 발음이 같아서 사랑하는 님의 얼굴이라는 의미도 내포한다.
月下(월하) | 달 아래.
戲(희) | 놀다, 장난치다.
螮蝀(체동) | 무지개.
天邊(천변) | 하늘 가.
雀聲(작성) | 참새 소리. 《전당시》의 주석에는 작雀을 '학鶴'으로 기록한 곳도 있다고 하였다.

놀고, 무지개 옆 하늘가에 참새들이 둥지로 돌아오며 울부짖는다. 이 두 구는 물고기의 유희와 새들이 날기에 지쳐 돌아오는 것을 대비시켰다. 인간세상은 슬픔과 기쁨이 모두 꿈세계와 같으니 어찌하면 여자신선인 동쌍성董雙成이 될 수 있는가?

人世(인세) | 인간 세상.
悲歡(비환) | 슬픔과 기쁨.
一夢(일몽) | 한바탕 꿈. 몽夢은 몽夢의 속자.
如何(여하) | 어떻게. 어찌 하면.
得(득) | ~할 수 있다. 동사 앞에 사용되어 가능을 나타낸다.
作(작) | (어떤 직무 · 역할을) 맡다. 담당하다.
雙成(쌍성) | 선녀 이름. 전설 속의 서왕모西王母의 시녀인 동쌍성을 가리킨다. 항주杭州 서호西湖의 묘정관妙庭觀이란 곳에 살았는데, 도를 닦고 스스로 옥생황을 불더니 학을 타고 날아가 선녀가 됐다고 한다.

강릉에서 근심으로 바라보며 이억님께
江陵愁望寄子安

단풍잎은 천 가지 다시 또 만 가지,
강과 다리에 저녁 돛단배 더디네요.
그대를 생각하는 내 맘은 서강의 물과 같아,
밤낮으로 동으로 흘러가 쉬는 때가 없네요.

楓葉千枝復萬枝,
江掩橋映暮帆遲.
憶君心似西江水,
日夜東流無歇時.

江陵(강릉) | 지명, 호북성의 도시로서 양자강 근처에 있고, 무한武漢의 상류에 있다. 옛 이름은 형주荊州이고, 춘추시대 초나라의 수도였다. 천보天寶 원년元年에 강릉군치江陵郡治로 되었다. 이 때 어현기는 이억과 멀리 떨어져 그녀 혼자 이 지역에 있었던 것 같다.

愁望(수망) | 우수의 근심을 품고 멀리 이억이 있는 쪽을 바라보다.

寄(기) | 보내다.

子安(자안) | 이억의 자字.

楓葉(풍엽) | 단풍잎.

千枝(천지) | 천 가지.

復(부) | 다시.

萬枝(만지) | 만 가지.

江掩橋映(강엄교영) | 강과 다리가 서로 어울리다. 엄영掩映은 막아 가림. 두 사물이 서로 가리면서 어울려 돋보이는 것을 말한다. 여기서 다리는 강릉江陵 부근 장강長江의 나무다리로 보는데, 《신당서新唐書, 지리地理》 등의 기록에 의하면 장강에 나무다리를 놓은 일이 정원貞元 8년(792)에 있었다. 진문화는 《재조집》, 《만수당인절구》, 《당시품휘唐詩品彙》, 《전당시》 등에 근거하여 이 네 글자를 '강교엄영江橋掩映'으로 수정하였다.

작품설명

이 시의 제목은 《만수당인절구》에서는 〈강릉수망유기江陵愁望有寄〉라고 되어 있다. 이 시는 어현기가 이억에게 버림받은 후 배를 타고 한수漢水에서 동으로 내려와 강릉江陵 지역을 떠돌아다닐 때 쓴 것으로 보고 있다. 그녀는 비록 버려졌지만 그러나 이억에 대해서는 여전히 줄곧 깊은 정을 보였다. 제3, 4구절처럼 그들은 이별할 때 산처럼 바다처럼 영원한 맹서를 했을 것이고 그녀의 사랑하는 마음은 끊어지지 않은 채 언젠가 다시 만날 날을 희망했을 것이다. 시인은 적절한 비유를 통해 추상적인 그리움의 감정을 구체화, 형상화하여 생동감 있게 그려 냈다. 시 전체가 정경교융情景交融을 이루어 제1, 2구절은 경물을 빌려 감정을 기탁하였고, 제3, 4구는 경물로써 감정을 비유하였다. 붉은빛의 꽃잎 같은 단풍잎이 천 가지 또 만 가지이고, 단풍잎은 강변 다리가에서 빛을 가리면서 돋보이는데 님의 돛단배는 왜 늦게 오는가! 당신을 그리워하는 내 마음은 마치 서쪽에서 흘러오는 장강의 물과 같아 날마다 밤마다 동으로 동으로 흘러가 영원히 쉬는 순간이 없다.

暮(모) | 저녁, 저물녘.
帆(범) | 돛단배.
遲(지) | 더디다.
憶(억) | 생각하다, 그리워하다.
君(군) | 이억을 가리킴.
心(심) | 마음.
似(사) | (~와) 같다, 비슷하다.
西江水(서강수) | 서강의 물. 진문화는 장강이라고 하였다. 장강의 물줄기 가운데 사천지방을 흘러가는 장강. '서강수西江水'는 《당시품휘》에는 '동류수東流水'라고 되어 있다.
日夜(일야) | 밤낮으로, 주야로.
東流(동류) | 동으로 흘러가다. 이억이 있는 동쪽 지방으로 흘러가고 있는 시인의 마음을 나타내고 있다.
無(무) | 없다.
歇時(헐시) | 쉬는 때.

자안님께
寄子安

취해서 헤어지니 천 잔으로도 근심을 씻지 못하고,
이별의 슬픈 심사 백 가지 맺힘은 풀 길이 없네요.
난초는 사라져 다 없어져 봄 밭으로 돌아가고,
버들은 동서로 나그네의 배를 얽어 매는데요.
만남과 헤어짐은 구름이 멈추지 않음을 너무나 슬퍼하고,
사랑의 감정은 물이 길이 흐르는 것을 반드시 배워야지요.
꽃 피는 시절에는 만나기 어렵다는 것을 알지만,
피폐한 모습으로 옥누대에서 취하고 싶진 않아요.

醉別千巵不浣愁,
離腸百結解無由.
蕙蘭銷歇歸春圃,
楊柳東西絆客舟.
聚散已悲雲不定,
恩情須學水長流.
有花時節知難遇,
未肯厭厭醉玉樓.

작품설명

《명원시귀》에서는 이 시의 제목을 〈우기자안又寄子安〉이라고 하였다. 이 작품은 무한武漢에서 이억에게 버림받았을 때 지은 것으로 보고 있다. 이 시를 싣고 있는 《재조집》의 보주補注(권10)에서 이 시는 그의 옛 남편 이억을 원망하여 지었다고 주석을 달고 있다. 이별주를 마시고 있는 이 누대 아래는 버드나무가 있는 언덕이 있고 그곳에는 동서로 떠나는 배가 묶여 있다. 당신은 그곳에서 그중의 하나를 타고 이곳을 떠날 것이다. 《북몽쇄언》에서는 어현기의 대표적 명구로 이 작품의 제3, 4구를 들고 있다. 전문 시인조차 흉내낼 수 없는 구절로 평가받고 있다. 또한 제4구를 어현기가 창기와 같은 여도사가 되는 시참詩讖으로 보기도 한다. 단지 술에 취하는 방법만으로 이별을 고하는데 천 잔의 술 또한

寄(기) | 보내다.
子安(자안) | 애인 이억의 자.
醉(취) | 취하다.
別(별) | 헤어지다.
千卮(천치) | 천 잔의 술. 치卮는 술잔.
不浣(불완) | 씻지 못하다.
愁(수) | 근심.
離腸(리장) | 이별의 슬픈 심사. 장腸은 마음. 이별의 근심으로 가득 찬 마음.
百結(백결) | 마음속의 갖가지 맺힘.
解(해) | 풀다.
無由(무유) | ~할 방도(도리)가 없다. ~할 길이(수가) 없다.
蕙蘭(혜란) | 난초의 일종. 곱고 깨끗하고 아름다움을 비유하며 대부분 여자를 가리킬 때 사용한다. 혜란은 어현기의 자字이기도 하므로 여기에서는 어현기 자신을 가리키는 것으로 보인다. 어현기의 시 〈감회가 있어 보냅니다感懷寄人〉에서도 나온다.
銷歇(소헐) | 사라져 다 없어짐.
歸(귀) | 돌아가다.
春圃(춘포) | 봄날의 밭.
楊柳(양류) | 이별할 때 버들 가지를 꺾어 보내는 풍습이 있다.
東西(동서) | 동쪽과 서쪽.
絆(반) | 얽어매다. 휘감다.

우수를 씻어 낼 수 없다. 이별 이후 근심스런 마음은 수없이 묶여 그것을 풀려면 술에 취하는 것 이외에 다른 길이 없다. 난초도 이미 피었다가 져 꽃밭으로 돌아가고, 버들가지는 동서로 흔들거리며 손님배를 묶어 두는 것 같다. 혜란蕙蘭과 양류楊柳 모두 전통적으로 여성을 대변하는 초목이므로 이것은 시인 자신의 형상이다. 시인은 인생의 만남과 헤어짐이 구름처럼 정처 없는 것을 매우 슬퍼하는데 그러나 부부간의 은정은 그래서는 안 되고 마땅히 강물이 길이 흘러가는 것을 배워야 한다고 말한다. 그리고 내년 꽃 필 때 그가 있는 곳으로 가는데 그때 그가 자신을 맞이하기 어렵다는 것을 알고 있지만 그러나 시인은 언제나 이렇게 낙담하며 이곳에서 취할 수만은 없다고 말한다.

客舟(객주) | 나그네를 태운 배.
聚散(취산) | 모임과 흩어짐.
已(이) | 너무, 대단히.
悲(비) | 《재조집》과 《전당시》 모두 '수愁'라고 되어 있다.
不定(부정) | 멈추지 않다.
恩情(은정) | 은혜로운 정, 남녀간의 사랑의 감정.
須(수) | 반드시(마땅히)~하여야 한다. 모름지기~해야 한다. ~할 필요가 있다. ~해야 한다.
學(학) | 배우다.
長流(장류) | 길이 흐르다. 영원히 흐르다.
有花時節(유화시절) | 온갖 꽃이 피어나는 계절, 봄날.
知難遇(지난우) | 《재조집》에서는 "난지우難知遇"라고 하였다.
未肯(미긍) | 원하지 않다. ~하려 하지 않다.
厭厭(염염) | 정신을 차리지 못하고 피폐한 모양, 미약한 모양.
玉樓(옥루) | 화려한 누대.

송별
送別

진루에서 며칠 밤이나 흡족케 하더니요,
뜻밖에도 신선 같은 님과 또 이별이네요.
잠에서 깨어나 구름 가는 곳 말하지 마소서,
잦아드는 등, 한 등잔에 들나방 날아드네요.

秦樓幾夜愜心期,
不料仙郎有別離.
睡覺莫言雲去處,
殘燈一盞野蛾飛.

秦樓(진루) | 진秦 목공穆公이 그의 딸 농옥弄玉을 위해 세운 누각으로 농옥과 소사蕭史 부부가 거처하던 곳이다. 원래는 봉루鳳樓라고 하였는데 후대 사람들이 '진루秦樓'라고 고쳐 불렀다. 한대 유향劉向의 《열녀전列女傳》에 의하면 진 목공의 딸 농옥이 음악을 좋아하였는데 소사가 퉁소로 봉황울음 소리를 잘 불었다고 한다. 진목공이 농옥을 아내로 주고 봉루를 세웠는데, 두 사람이 퉁소를 불자 봉황이 모여들었고 그 뒤 봉황을 타고 날아가 버렸다고 한다. 기녀가 사는 곳을 가리킬 때도 이 단어를 사용하는데, 어현기가 기녀는 아니었으므로 여기서는 부부가 거처하는 곳을 가리키는 것으로 보는 게 좋겠다. 진루는 《재조집》에서는 '층성層城'(곤륜산에서 가장 높은 곳 즉 하늘)이라고 하였고, 《만수당인절구》에서는 '층루層樓'라고 하였다.

幾夜(기야) | 며칠 밤.

愜(협) | 만족시키다. 흡족하게 하다. 맞다.

心期(심기) | 기대, 마음속 바람.

不料(불료) | 뜻밖에, 예상하지 못하다. 짐작하지 못하다.

작품설명

어현기의 현존시에 〈송별〉이라는 제목을 한 시는 모두 두 수가 있다. 원본에서는 두 수가 나누어져 있는데, 진문화는 《재조집》에 근거하여 한 제목 하에 두 수로 처리하였다. 며칠 동안 즐겁게 지낸 뒤 이별을 맞이하는 사람의 안타까움을 그리고 있다.

仙郎(선랑) | 잘생긴 젊은 남자를 가리키는데, 연인 사이에서 많이 쓴다. 사랑하는 남자를 나타내며 여기서는 제1구의 진루의 고사에서 소사가 용을 타고 하늘나라로 올라간 것을 빌려 시인이 사랑하는 남자 즉 이억을 암시하고 있는 것으로 보인다. '선랑仙郎'은 《재조집》에서는 '선향仙鄕'이라고 되어 있다.

有(유) | 또.

別離(별리) | 이별, 별리.

睡覺(수각) | 잠에서 깨어나다. 각覺은 깨어나다.

莫言(막언) | 《만수당인절구》에서는 '불언不言'이라고 되어 있고, 《전당시》 주석에서는 '불혐不嫌'이라고 되어 있는 곳도 있다고 하였다.

去處(거처) | 가는 곳.

殘燈(잔등) | 잦아드는 등, 곧 꺼지려는 등.

一盞(일잔) | 한 등잔. 잔盞은 심지와 기름을 넣은 작은 그릇.

野蛾(야아) | 들나방.

이근인 원외랑을 맞이하며
迎李近仁員外

오늘 기쁜 시간 기쁜 까치소리 들었고,
어젯밤 등잔 밑에서 등잔꽃에 절하였죠.
분향하고 문을 나와 반악을 맞이하니,
견우직녀 집이 부럽지 않사와요.

今日喜時聞喜鵲,
昨宵燈下拜燈花.
焚香出戶迎潘岳,
不羨牽牛織女家.

迎(영) | 맞이하다.

李近仁(이근인) | 이근인이 누구인지는 확실치 않다. 팽지헌과 장일은 이근인을 이억으로 보고 근인은 그의 호일 것이라고 추측하였다.(彭志憲, 張燚 著, 《唐代女詩人魚玄機詩編年譯注》, 新疆大學出版社, 1995, pp. 36–37)

員外(원외) | 원외, 관직명인 원외랑員外郎의 약칭, 당대唐代에 등장한 명칭으로 이름뿐인 관리로 권력자에게 뇌물로 얻는 자가 많았다.

今日(금일) | 오늘, 금일.

喜時(희시) | 기쁜 시간. 까치가 아침에 우는 그날은 좋은 일이 있다고 하는 속설이 있다. 아침 시간을 가리킨다.

聞(문) | 듣다.

喜鵲(희작) | 까치, 아침에 울면 좋은 일이 있다고 함.

昨宵(작소) | 어젯밤.

燈下(등하) | 등잔 아래.

작품설명

《만수당인절구》에서는 이 시의 제목을 '영이원외迎李員外'라고 하였다. 사랑하는 남자를 맞이하는 기쁨을 그리고 있다. 오늘 아침 좋은 일이 있을 징조인 까치 울음소리를 들었다. 게다가 어젯밤에는 등불심지가 꽃이 되어 이 또한 좋을 징조라고 생각하여 예를 올렸다. 오늘 향을 피우고 나오니 반악과 같은 당신을 맞이하게 되었다. 견우성과 직녀성은 일 년에 한 번 만나는 기쁨이 있다던데 그런 것은 조금도 부럽지 않다. 오늘 당신을 만났으니까.

종성은《명원시귀》에서 이 시에 대해 "이런데도 오히려 버림받고 배척당하였으니 나는 그가 아직도 속마음이 있는지 없는지 모르겠다. 미인박명이니 그 때문에 매우 분개한다.如此而猶遭棄斥, 吾不知其尙有心胸否也. 紅顏薄命, 爲之深慨."라고 하였다.

拜(배) | 절하다.

燈花(등화) | 등잔 심지의 타다 남은 깜부기가 꽃 모양으로 된 것을 등잔꽃이라고 한다. 옛날 사람들은 등잔꽃을 좋은 일이 있을 조짐이라 여겨 절하는 풍습이 있었다.

焚香(분향) | 태도의 경건함을 나타내기 위해 하는 행동.

出戶(출호) | 문을 나오다.

迎(영) | 맞이하다.

潘岳(반악) | 진晋나라 사람으로 자는 안인安仁이며, 당시 미남으로 이름이 나 그가 거리를 지나가면 여자들이 과일을 그의 수레로 던져서 시끄럽게 했다는 말이 있다. 죽은 아내를 애도하는 〈망부가悼亡詩〉를 지은 것으로 유명하다. '반악潘岳'이라는 이름은 일반적으로 사랑하는 남자를 비유하는데 이 시에서는 이근인李近仁을 가리킨다.

不羨(불선) | 부러워하지 않다.

牽牛織女(견우직녀) | 별자리 이름, 오랫동안 헤어졌다가 다시 만나는 부부를 가리킨다.

송별
送別

물은 부드러워 그릇 따르니, 모양 정하기 어려워라,
구름 떠나감이 무심하나니, 어찌 다시 돌아오리오.
슬픔에 젖은 봄바람은 저물녘 초강에,
원앙 한 마리 떼를 잃고서 날아가네요.

水柔逐器知難定,
雲出無心肯再歸.
惆悵春風楚江暮,
鴛鴦一隻失羣飛.

水柔逐器(수유축기) | 물의 성질은 부드러워 정해진 모양이 없으니 그릇에 따라 모양을 이룬다. 여기에서는 아녀자의 운명이 남편에게 달려 있어 보장하기 어렵다는 것을 가리킨다. '유柔'는 《전당시》의 주석에서는 '유流'라고 된 곳도 있다고 하였고, '축逐'은 《재조집》에서는 '수遂'라고 하였다.

知(지) | 알다.

難定(난정) | (모양을, 형태를) 정하기 어렵다.

雲出無心(운출무심) | 구름이 무심히 산에서 나오다. 도연명陶淵明의 〈귀거래사歸去來辭〉의 "구름은 무심히 산에서 나오고, 새는 날다가 지쳐 돌아올 줄 아네雲無心以出岫,鳥倦飛而知還"라는 표현을 응용하였다.

肯(긍) | 어찌, 기豈와 같다.

再歸(재귀) | 다시 돌아오다.

작품설명

어현기로서는 슬프고 감개무량한 시이다. 시 속에 '초강楚江'이라고 하는 말이 있으므로 이 시는 무한武漢에서 이억과 이별할 때 지은 것으로 상상된다. 또한 춘풍이라고 하는 말이 있으므로 이별의 시기는 봄이었을 것이다. 아마 함통咸通 3년 봄, 그녀 나이 20세의 봄이었을 것이다. 물은 시인 자신을, 구름은 이억을 가리키는 것이리라. 앞의 〈송별送別〉 시에서도 "잠에서 깨어난 뒤 구름이 가는 곳은 말하지 마소서"라는 표현이 나오는 것으로 보아 '구름'의 의미는 일관되게 '떠나가는 그'를 가리킨다. 물은 그릇의 모양에 따라 달라지는 것처럼 시인은 이억의 의지에 따라 운명의 모양이 달라진다. 봉건시대 아녀자는 스스로의 운명을 결정할 수 있는 권한이 없다. 떠나가는 자는 구름처럼 산을 벗어나 돌아오는 것을 기약할 수 없다. 종성은《명원시귀》에서 이 시에 대해 "뒤의 시를 음미해 보면 앞의 시의 기운이 오히려 평화로운 걸 알 수 있다. 앞의 시의 제3구는 솔직하다. 그래서 한 마디를 돌려서 말 뜻이 한 걸음 느슨해졌다. 뒤의 시는 제4구가 솔직하여 오히려 돌릴 곳이 없으니 그 뜻이 마침내 비통하여 견딜 수 없다.味後詩則知前詩氣尙和平. 前詩第三句直, 故轉一語, 詞意放松一步, 後詩第四句直, 却無可轉處矣, 其意亦遂悲痛而不堪了."라고 평하였다.

惆悵(추창) | 한스럽고 슬픈 것.
春風(춘풍) | 봄바람.
楚江(초강) | 춘추시대 초나라 경계 내의 장강長江, 어현기가 머문 적이 있었던 강릉江陵, 한양漢陽 일대이다.
暮(모) | 저물녘.
鴛鴦(원앙) | 원앙.
一隻(일척) | 한 마리.
失羣(실군) | 떼를 잃다. 무리에서 떨어지다.

좌명장이 택주에서 서울까지 사람을 시켜 말을 전하기에
左名場自澤州至京使人傳語

한가롭게 살며 몇 년의 근심을 적노라니,
왕옥산 앞은 예전에 놀았던 곳이었지요.
시는 동서로 천 개의 가파른 산의 어지러움 노래하고,
말은 남북의 한 줄기 샘물의 흐름을 따라가지요.
일찍이 비 내리는 밤에 모시고 함께 술자리 기뻐했는데,
이별한 뒤 꽃 피는 시절 나 홀로 누대 위에 올랐었지요.
뜻밖에 기쁘게도 문을 두드리며 말을 전하러 오심은,
이웃 마을 작은 집의 고요함을 사랑하기 때문이지요.
사마상여가 거문고 연주 그만두자 붉은 거문고 줄 끊어졌고,
쌍쌍이 나는 제비가 둥지 떠나니 흰 이슬 내리는 가을이지요.
누추한 집에 때로 한번 방문하는 것을 게을리 하지 마세요,
매번 봄이 될 때마다 서둘러 곡강 머리에 있을 테니까요.

閑居作賦幾年愁,
王屋山前是舊遊.
詩詠東西千嶂亂,
馬隨南北一泉流.
曾陪雨夜同歡席,
別後花時獨上樓.

忽喜扣門傳語至,

爲憐鄰巷小房幽.

相如琴罷朱弦斷,

雙燕巢分白露秋.

莫倦蓬門時一訪,

每春忙在曲江頭.

左名場(좌명장) | 누구인지 불확실하다. 좌씨左氏 성은 산서성山西省에 많이 있는데 택주澤州 지방의 사람일 수 있다.

自(자) | ~로부터, 뒤의 지至(~까지)와 함께 쓰여 시작과 종료를 나타낸다.

澤州(택주) | 당대唐代의 택주는 지금의 산서성 진성현晉城縣의 서쪽 지역이다.

至(지) | ~까지.

京(경) | 장안長安을 가리킴.

使人(사인) | 사람을 시켜.

傳語(전어) | 말을 전하다.

閑居(한거) | 일 없이 한가로이 집에 있다.

作賦(작부) | (시가 등을) 짓다, 창작하다.

幾年(기년) | 몇 년.

愁(수) | 근심.

王屋山(왕옥산) | 산서성 양성현陽城縣 서남쪽에 있다. 양성은 진성晉城과 서로 이웃하며 두 현 모두 택주에 속한다.

前(전) | 앞.

是(시) | ~이다. 시是가 ~이다라는 의미로 쓰인 사례는 당시唐詩에서 빈번하다.

舊遊(구유) | 예전에 놀러갔다. 이 말로 어현기가 전에 택주 지방에 갔던 적이 있음을 알 수 있다.

詩(시) | 시.

詠(영) | 노래하다.

東西(동서) | 동서, 동쪽과 서쪽.

千嶂(천장) | 천 개의 산. 장嶂은 높이 솟은 산.

亂(난) | 어지럽다.

馬(마) | 말.

隨(수) | 따라가다.

南北一泉流(남북일천류) | 남북으로 강이 흘러 들어가다. 일천一泉은 택주 경내의 현수泫水를 가리킨다. 천泉은 땅속에서 솟아나는 샘물인데 여기서는 땅속에서 솟아나 흘러가는 시내를 가리킨다.

曾(증) | 일찍이.

陪(배) | 모시다.
雨夜(우야) | 《명원시귀》와 《전당시록》에는 모두 '야우夜雨'라고 되어 있다.
同(동) | 함께. 아래 구의 독獨과 대구를 이룬다.
歡(환) | 기뻐하다. 아래 구의 상上과 대구를 이룬다.
席(석) | 술자리. 아래 구의 누樓와 대구를 이룬다.
別後(별후) | 이별 뒤.
花時(화시) | 화기花期. 개화기. 꽃 피는 시기.
獨(독) | 홀로.
上(상) | 오르다.
樓(루) | 누대.
忽(홀) | 문득.
喜(희) | 기쁘다. 즐거워하다.
扣門(구문) | 문을 두드리다. 노크하다.
傳語(전어) | 말을 전하다.
至(지) | 이르다.
爲(위) | ~ 때문에.
憐(연) | 사랑하다.
隣巷小房(인항소방) | 이웃마을 작은 집. 어현기 자신이 사는 곳을 형용한 것이다.
幽(유) | 고요하다.
相如(상여) | 사마상여司馬相如. 거문고를 타서 탁문군을 유혹하여 부부가 되었는데 그 뒤에 무릉茂陵의 여자를 데려오려고 하자 탁문군이 〈백두음白頭吟〉을 지어 결별을 고하니 사마상여가 마음을 돌렸다는 전설이 있다. 여기에서는 자신이 이억에 의해 버려졌다는 것을 은유하였다. 그래서 다음 구절에 "쌍연소분雙燕巢分"이라는 말이 나왔다.
琴罷(금파) | 거문고 연주를 그만두다. 사랑이 식는 것을 뜻한다.
朱弦斷(주현단) | 붉은색으로 칠한 거문고의 줄이 끊어지는 것. 이 구절은 《명원시귀》와 《전당시록》에는 '주현절朱弦折'이라고 되어 있다.
雙燕(쌍연) | 쌍쌍이 나는 제비.
巢分(소분) | 둥지를 떠나다. 제비는 여름내 둥지를 틀고 번식을 마친 뒤 가을 무렵에 둥지를 떠나 겨울을 난 뒤 봄에 다시 돌아온다.
白露秋(백로추) | 흰 이슬 내리는 가을. 흰 이슬(白露)은 24절기의 하나로 양력 9월 8일 전후이다. 처서處暑와 추분秋分 사이에 있으며 대개 음력 8월에 들어가 가을이 본격적으로 시작하는 시기이다. 천문학적으로는 태양이 황경 165도를 통과할 때이다. 이때쯤이면 밤에 기온이 이슬점 이하로 내려가 풀잎이나 물체에 이슬이 맺히는 데서 유래한다. 가을의 기운이 완연히 나타나는 시기로 옛 중국 사람들은 백로부터 추분까지의 시기를 5일씩 삼후三候로 나누어 특징을 말하였는데, 초후初候에는 기러기가 날아오고, 중후中候에는 제비가 강남으로 돌아가며, 말후末候에는 뭇 새들이 먹이를 저장한다고 한다.

작품설명

좌명장이 택주澤州에서 수도 장안長安으로 사람을 보내어 소식을 전해 왔다. 좌명장이 누구인지는 확실치 않다. 시의 내용으로 보면 두 사람이 서로 사귀고 있다. 제9, 10구는 시인 자신이 이억과 이미 헤어졌다는 것을 암시하는 것으로 보인다. 마지막 두 구에서 시인은 그에게 적극적으로 자신의 마음을 전하고 있다.

莫倦(막권) | 게을리 하지 말라. 《명원시귀》와 《전당시록》에는 모두 '막염莫厭'이라고 되어 있다.

蓬門(봉문) | 쑥으로 엮은 문. 빈한하고 누추한 집을 가리킨다. 한문寒門과 같다. 여기서는 시인 스스로를 낮추어 말한 겸양어이다.

時(시) | 때로, 이따금.

一(일) | 한 번.

訪(방) | 방문하다.

每春(매춘) | 봄마다.

忙(망) | 바삐, 서둘러.

在(재) | 있다.

曲江頭(곡강두) | 곡강머리. 곡강은 곡강지曲江池, 연못 이름. 장안의 유명한 유원지였다. 옛 터는 지금의 섬서성陝西省 서안시西安市 동남쪽에 있다.

다른 사람의 운을 따라 화답하여
和人次韻

시끌벅적 고관들은 세상에 섞여 있는데,
홀로 달빛 속에서 맑게 읊조리고 있네요.
무슨 일로 옥같은 사나이가 무늬 있는 생각 찾아내어,
갑자기 구슬같은 운을 가지고 나무 빗장 두드리시나요.
흰눈꽃 피어남을 노래하는 것은 사도온이라 하기엔 부끄럽고,
후미진 골목 깊숙한 곳에 살며 그릇되이 안연을 배워 보지요.
정이 깊을 필요는 없지요. 만나고자 한다면,
여라 피어 있는 산림 높은 곳이 앞산이네요.

喧喧朱紫雜人寰,
獨自淸吟月色間.
何事玉郎搜藻思,
忽將瓊韻扣柴關.
白花發詠慙稱謝,
僻巷深居謬學顔.
不用多情欲相見,
松蘿高處是前山.

작품설명

이 시의 제목은 《명원시귀》에는 '차인운次人韻'이라고 하였다. 다른 사람의 운을 따라 지은 화답시이다. 저 사도온은 눈이 내리는 것을 보고 버들솜이 흩날리는 비유를 생각해 냈지만 나는 그런 시재가 있는 여성이 아니라고 시인은 말한다. 종성은 《명원시귀》에서 "어현기가 한 시대의 재원이었다는 것을 생각해 보면 당시에 그녀를 쫓아다니며 좋아한 자가 적지 않았을 것이다. 또한 요즘 시대에 억지로 시편을 지어서 재주와 학문을 파는 것처럼 이것으로 자신을 내보이려고 했을 뿐이니 그래서 어현기가 또한 곧장 이 시를 지어 그를 비웃어 주었다. 그러나 그 말 뜻이 온화하고 느슨하며 또한 심하게 과장하지는 않아서 그래서 이

和(화) | 화답하다. 제목에 화和가 들어가는 시는 화답시다. 다른 사람이 지은 시에 답하는 시이다.
人(인) | 다른 사람.
次韻(차운) | 남이 지은 시의 운의 순서를 따라서 지음.
喧喧(훤훤) | 소리가 시끌벅적한 것. 여기서는 귀인들이 일상생활에서 요란하게 내는 각종 말소리, 거마 소리 등을 형용한 것이다.
朱紫(주자) | 의복의 관인官印이 붉은빛, 자줏빛인 사람 즉 고위관직에 있는 사람을 가리킨다. 당대唐代에는 오품 이상의 고관들이 붉은빛과 자줏빛의 복장을 하였다.
雜(잡) | 섞이다. 뒤섞이다.
人寰(인환) | 사람이 살고 있는 곳, 인간 세상.
獨自(독자) | 홀로.
淸吟(청음) | 맑게 시나 노래를 부르다.
月色(월색) | 《전당시》에는 일색日色으로 되어 있다.
間(간) | 틈, 사이.
何事(하사) | 무슨 일로, 왜.
玉郞(옥랑) | 옥 같은 남자, 젊은 남자에 대한 미칭.
搜(수) | 찾다.
藻思(조사) | 무늬 있는 생각, 아름다운 시상詩想을 가리킨다.
忽(홀) | 갑자기.
將(장) | 가지다, 지니다.
瓊韻(경운) | 옥과 같은 운문, 훌륭한 시, 아름다운 시구.
扣(구) | 두드리다.

무리들이 또한 그것을 깨닫지 못하였다. 그 말투를 자세히 음미해 보면 또한 각박함이 이를 데 없다는 것을 느끼게 된다. 요컨대 이와 같은 언어문자 속에서 약간을 이해하지 못하였으니 또한 어찌 그 어리석음을 나무라겠는가. 이것으로 생각해 보건대 옛 사람이나 지금 사람이나 많이 멀지는 않다.想玄機一代才色, 當時奔走慕悅之者不少, 亦如今時强作詩篇, 賣弄才學, 欲以此自衒耳, 故玄機亦直作此嘲哂之. 然其語意和緩, 亦不甚矜張, 故此輩亦未之悟也. 細味其詞氣, 亦覺刻薄殆盡矣. 要之此種語言文字中, 解不得幾分, 亦何怪其蚩蚩也. 由此思之, 古今人不甚相遠."라고 하였다.

柴關(시관) | 잡목으로 만든 빗장. 빈한한 집을 의미하는데, 여기서는 겸어로 사용하였다.

白花發詠(백화발영) | 눈꽃을 노래하다. 백화白花는 눈꽃을 말하고, 발영發詠은 노래하다는 뜻. 진晋의 사안謝安의 집에 가족들이 모였는데 모란 같은 눈송이가 떨어지자 사안이 이것을 무엇에 비유해 보라고 하니 사혁謝奕의 딸 사도온謝道韞이 버들 솜이 날아 흩어지는 것 같다고 답하여 시재가 있다는 칭찬을 받았다는 고사를 취하였다.

慙(참) | 부끄러워하다.

稱謝(칭사) | 사도온이라 칭하다. 사도온으로 부르다. 여기서 사謝는 사혁의 딸 사도온이고, 시인이 자신을 비유한 것.

僻巷深居(벽항심거) | 후미진 거리에 깊숙이 들어가 사는 것. 공자의 제자 안회顔回처럼 누추한 곳에 사는 것을 말한다.

謬(류) | 그릇되다. 잘못되다.

學顔(학안) | 안연의 처세를 배우다.

不用(불용) | ~할 필요가 없다.

多情(다정) | 감정이 풍부하다. 일반적으로 애인에 대한 정이 깊고 진지한 것을 가리킨다.

欲(욕) | 을(를)~ 하고자 하다. 원하다. 희망하다. 바라다.

相見(상견) | 만나다.

松蘿(송라) | 여라女蘿. 지의류地衣類 식물로 산림山林을 비유한다.

高處(고처) | 높은 곳.

是(시) | ~이다.

前山(전산) | 눈앞의 산.

광, 위, 부의 운을 빌려서. 자매 세 사람이 어려서 아버지를 여의었으나 비로소 곱게 자라 이 작품을 지었는데, 정교하고 아름다워 짝하기 어려우니 비록 사씨 집안의 눈을 노래한 작품이라 하더라도 어떻게 그것을 능가하겠는가? 어떤 손님이 서울에서 오신 분인데 나에게 보여 주었다.

因次光, 威, 裒韻. 姊妹三人少孤而始姸乃有是作精粹難儔雖謝家聯雪何以加之有客自京師來者示予

옛날 남국 예쁜 소녀에 대해 들었는데,
지금 동쪽 이웃에는 세 자매가 있다네.
화장하는 누각에서 서로 〈앵무부〉를 보고,
푸른 창가에서 아마 봉황 적삼을 수놓겠네.
붉은 꽃이 안뜰에 가득 차면 들쭉날쭉 꺾고,
푸른 술이 잔에 차면 차례대로 마시네.
아마 예전에 옥연못에서 일찍이 여자였다가,
벌을 받고 속세에 와서 남자 되지 못한 것이네.
채염은 모양을 갖추고 있어 끝내 비견할 만하고,
서시는 말이 없고, 나는 더욱 부끄럽기만 하네.
한 곡의 사랑 노래에 거문고 소리 아득하고,
네 줄의 비파 가볍게 퉁겨 말소리 재잘대네.

경대를 마주하여 푸른 실머리 경쟁하고,
달을 마주하여 백옥 비녀를 자랑하길 다투네.
소유동굴의 소나무에 이슬이 방울져 떨어지고,
대라천상의 버들나무 안개를 머금었네.
다만 비가 될 수 있는 마음만 늘 있으며,
퉁소 부는 일을 잘 모르는 것을 두려워 않네.
모친은 꽃 아래에서 떠드는 것을 여러 번 나무라는데,
반악은 일찍이 지금까지 꿈속으로 들어온다네.
잠시 맑은 구절 잡고서 혼이 끊어질 것 같으니,
만약 붉은 얼굴을 본다면 죽음 또한 달콤하다네.
아름다운 이가 어디에 있는지 슬피 바라보는데,
떠도는 구름은 북으로 갔다가 다시 남으로 가네.

昔聞南國容華少,
今日東隣姊妹三.
粧閣相看鸚鵡賦,
碧窗應繡鳳凰衫.
紅芳滿院參差折,
綠醑盈杯次第啣.
恐向瑤池曾作女,
謫來塵世未爲男.
文姬有貌終堪比,
西子無言我更慙.
一曲豔歌琴杳杳,
四絃輕撥語喃喃.
當臺競鬪青絲髮,

對月爭誇白玉簪.
小有洞中松露滴,
大羅天上柳煙含.
但能爲雨心長在,
不怕吹簫事未諳.
阿母幾嗔花下語,
潘郎曾向夢中參.
暫持淸句훈猶斷,
若覩紅顔死亦甘.
悵望佳人何處在,
行雲歸北又歸南.

光威裒(광위부) | 세 자매의 이름. 성은 알 수 없다. 작품 내용에 따르면 남방에서 태어난 것으로 보인다.
少(소) | 어리다. 젊다.
孤(고) | 어려서 아버지를 여의거나, 부모 모두가 사망한 경우를 일컫는다. 이 시의 뒷부분에 나오는 '아모阿母'라는 단어를 모친으로 볼 것인지 아니면 나이든 여성에 대한 통칭으로 볼 것인지에 따라 '고孤'의 의미가 달라질 수 있다. 본서에서는 뒤의 '아모'를 모친으로 보고, 여기서 '고'는 아버지를 여의었다는 의미로 제한하였다.
始(시) | 비로소.
姸(연) | 여자가 예쁘고 고운 것.
乃(내) | 이에. 그래서. 이리하여. 그리하여.
是作(시작) | 이러한 시작詩作, 세 자매가 지은 연구시聯句詩.
精粹(정수) | 정교하고 아름답다.
難(난) | ~하기 어렵다.
儔(주) | 짝이 되다. 견주다.
雖(수) | 비록.
謝家聯雪(사가연설) | 진晋의 사도온謝道韞이 어렸을 때 눈을 노래하여 재주를 드러낸 연구시. 어린 여자애가 시재가 있는 것을 칭찬할 때 보편적으로 인용하는 고사.
何以(하이) | 어떻게. 무엇으로써.
加(가) | 능가하다. 뛰어넘다.

작품설명

이 시의 제목은 원본에는"因次光威裒韻姊妹三人少孤而始姸乃有是作精粹難儔 雖謝家聯雪何以加之有客自京師來者示予"라고 되어 있고,《명원시귀》에는"次光威裒韻"이라고 되어 있다.《전당시록》에는"次光威裒三女子聯句詩韻"이라고 되어 있다.《전당시》에서는 이 시의 제목을 "光威裒姊妹三人少孤而始姸乃有是作精粹難儔 雖謝家聯雪何以加之有客自京師來者示予因次其韻"라고 하였다.《전당시》에는 또한 제목 중간의 '가加'라는 글자 아래에 '여如'라고도 하였다고 주석을 달았다. 어현기의 현존 시 가운데 가장 장편이다. 서문에 의하면 이 작품은 그녀가 장안에서 떠나 있을 때 지은 작품이다. 광光, 위威, 부裒 세 자매의 원작은《전당시》권 801에 실려 있다. 광, 위, 부 세 사람이 어려서

之(지) | 그것, 여기서는 세 자매가 지은 시.
有客(유객) | 어떤 손님.
自(자):부터.
京師(경사) | 수도.
來者(내자) | 온 사람.
示(시) | 보여 주다.
予(여) | 나.
次韻(차운) | 타인의 시에 화답하면서 아울러 원작의 운자韻字와 순서를 따라 지은 시로 당대唐代의 원진元稹, 백거이白居易에게서 비롯되었다.
昔聞(석문) 이하 두 구 | 전에 남국의 미인인 사도온이 어렸을 때 시재를 드러냈다는 이야기를 들은 바 있는데, 오늘은 나의 동쪽 이웃에 세 자매가 있다는 것을 직접 보게 되었다는 뜻.
南國(남국) | 일반적으로 중국의 남방을 범칭하는 것인데 이곳에서는 장강과 한수 사이를 가리킨다. 이 시에서는 제목의 "사가련설謝家聯雪"이라는 말과 관련지어 본다면 남조시대의 동진東晋을 가리키는 것으로 볼 수 있다. 사도온은 동진의 재원이다.
容華(용화) | 얼굴이 화려한 것, 미인을 가리킨다.
少(소) | 연소年少하다. 어리다. 여기서는 사도온이 어렸을 때를 가리키는 것으로 보인다.
今日(금일) | 지금.
東鄰(동린) | 동쪽의 이웃.
姊妹三(자매삼) | 자매 셋.
粧閣(장각) | 화장하는 방, 여성이 거처하는 방.

아버지를 잃고 지금은 숙녀로 성장하여 시를 지었는데, 그 훌륭함이 비견되기 어려울 정도였다. 수도에서 온 손님이 세 자매의 연구聯句 시를 어현기에게 보여 주기에 어현기는 원시의 용운의 순서에 따라 화답하였다. 이 시는 칠언배율시로 명대 시론가 호응린은 이 시를 당송唐宋시대 칠언배율시 가운데 "오직 어현기의 두 수가 뽑을 만하다.惟魚玄機二首可選."라고 평가한 바 있다. 이 시는 세 자매의 시재의 형성, 수예솜씨, 음악방면의 재능과 규방의 애호, 생활분위기 등을 그리고 있다.

'석문昔聞' 이하 두 구절은 전에 남방의 미인 사도온謝道韞의 어린 시절의 고사(눈을 노래하여 숙부의 칭찬을 받은 고사)에 대해 들었었는데, 지금 동쪽 이웃에 사는 세 자매의 미모와 재능에 대해 듣게 되었다는 것이다. 이 구절은 이 시의 제목에 대한 설명이다. '장각妝閣' 이하 두 구

相看(상간) | 서로 돌려가며 읽고 감상하다. 《명원시귀》와 《전당시록》에는 모두 '각간却看'이라고 되어 있다.

鸚鵡賦(앵무부) | 동한東漢시대 예형禰衡이 지은 작품.

碧窗(벽창) | 푸른색을 칠한 창. 원본에는 '벽공碧空'이라고 되어 있는데 진문화는 《명원시귀》와 《전당시》 등에 근거하여 '벽창碧窗'으로 고쳤다.

應(응) | 아마도, 추측을 나타내는 부사.

繡(수) | 수놓다.

鳳凰(봉황) | 상상의 새, 상서로운 새이다.

衫(삼) | 적삼, 홑옷.

紅芳(홍방) | 붉은 꽃.

滿(만) | 가득하다.

院(원) | 안뜰, 안마당.

參差(참치) | 꽃가지의 길이가 가지런하지 않은 모양.

折(절) | 꺾다.

綠醑(녹서) | 녹색의 맛있는 술, 상등의 술, 청주, 상등의 술에는 녹綠자를 앞에 쓴다.

盈(영) | 가득 차다.

杯(배) | 잔.

次第(차제) | 차례대로, 이곳에서는 세 자매가 차례대로 잔을 돌리는 것을 말한다.

啣(함) | 함銜의 속자. 머금다. 여기서는 술을 마시다.

恐(공) | 아마.

는 세 자매들이 화장하는 방에서 서로 〈앵무부〉를 감상하며, 푸른 창가에서는 봉황무늬 적삼을 수놓았을 것이라는 것이다. '홍방紅芳' 이하 두 구절은 붉은 꽃이 뜰에 가득해지면 자매들이 앞다투어 꽃을 따고, 잔에 가득 찬 푸른 술은 그녀들이 시를 읊조릴 때 한 잔씩 서로 마셨을 것이라는 뜻이다. 꽃을 딴 것은 주로 머리에 꽂아 꾸미기 위한 것이다. '문희文姬' 이하 두 구절은 한대漢代의 재원 채염蔡琰의 경우 재능과 외모를 겸비하여 세 자매에게 비견될 수 있고, 월나라 미녀 서시西施 또한 그녀들에 대해서 감히 트집 잡지 못하며, 어현기 자신도 부끄러움을 느낄 정도로 세 자매들의 재능이 뛰어나다는 것을 말한다. '일곡一曲' 이하 두 구절은 그들이 부른 사랑노래(정가情歌)는 거문고 반주와 함께 먼 곳으로 퍼지고, 그녀들이 가볍게 비파를 튕기는 것은 또한 부드럽게 소곤거

向(향) | 향嚮과 같다. 접때, 옛적에, 이전.

瑤池(요지) | 옥 연못. 고대 신화 속의 신선이 사는 곳. 전설에 의하면 곤륜산에 있으며 서왕모西王母가 이곳에서 산다고 한다. 서왕모는 선녀들의 왕이며, 세 자매는 그 서왕모를 섬기는 천상 선궁의 선녀에 비유하였다.

曾(증) | 일찍이.

作女(작녀) | 여자였다. 작作은 (어떤 직무 · 역할을) 맡다. 담당하다는 의미.

謫來(적래); 귀양오다. 적謫은 죄를 지어 먼 지방으로 떠나는 것. 여기서는 신선이 처벌을 받아 인간세상으로 내려온 것을 가리킨다.

塵世(진세) | 속세. 인간이 머무는 세속.

未爲男(미위남) | 남자가 되지 못하다.

文姬(문희) | 동한 시대 여류시인 채염蔡琰의 자字. 채옹蔡邕의 딸로 흉노의 포로가 되어 그곳에서 12년을 지내다가 돌아왔으며 〈비분시悲憤詩〉 한 수와 〈호가 십팔박胡歌十八拍〉 등의 작품을 남겼다.

有貌(유모) | 용모를 갖추고 있다.

終(종) | 끝내. 《전당시록》에는 '진眞'이라고 되어 있다.

堪(감) | ~할 수 있다. ~할 만하다.

比(비) | 견주다.

西子(서자) | 서시西施, 춘추시대 월나라 미인. 오왕 부차는 그녀의 미모에 마음을 빼겨 나라를 망하게 했다.

無言(무언) | 말이 없다. 트집을 잡지 못하다.

리는 것과 같다는 것을 말한다. '당대當臺' 이하 두 구절에서는 그녀들이 경대를 마주하고 푸른 실같은 머리카락을 풀어 누가 더 검은지를 시합하고, 달을 마주하고 달빛보다 더 흰 옥비녀를 서로 자랑한다고 하였다. '소유小有' 이하 두 구절에서는 그녀들이 신선동굴에서 생활하는 것처럼 소나무에 이슬이 방울지고, 신선이 사는 하늘에 있는 것처럼 버들에 안개가 자욱하다고 하였다. '단능但能' 이하 두 구절은 세 자매가 남녀간의 사랑에 관심이 있을 뿐 결혼하여 신선이 되는 일에 대해서는 관심이 없다는 것이다. 이 구절은 어현기 자신의 경우와 대비된다. 어현기는 결혼을 하고 버림받아 지금은 소위 신선을 추구한다는 여도사가 되어 있는데 세 자매는 아직 결혼의 실상이나 도사가 되는 것에 대해서는 잘 모르고 그저 남녀간의 사랑에 마음만 둘 뿐이라는 것이다. '아모阿母' 이하

我(아) | 나.
更(갱) | 더욱. 《명원시귀》와 《전당시록》에서는 모두 '막莫'이라고 되어 있다.
慙(참) | 부끄러워하다.
一曲(일곡) | 한 곡.
艶歌(염가) | 사랑 노래, 연가.
琴(금) | 거문고.
杳杳(묘묘) | 멀고 아득한 모양. 여기서는 거문고 소리가 확산되며 노랫소리와 함께 우주공간에 사라지는 것을 가리킨다.
四絃(사현) | 비파. 비파는 네 줄이기 때문에 비파를 '사현四弦'이라고 불렀다.
輕撥(경발) | 가볍게 퉁기다. 《전당시록》에는 '금발琴撥'이라고 되어 있다.
語(어) | 말, 여기서는 연주하는 소리를 가리킨다.
喃喃(남남) | 웅얼웅얼, 중얼중얼. 연주하는 소리가 매우 낮아 마치 낮은 소리로 소곤거리는 것과 같다는 것을 가리킨다.
當臺(당대) | 경대를 마주하다. 대臺는 경대.
競鬪(경투) | 다투다.
靑綠髮(청록발) | 검은 머리.
對月(대월) | 달을 마주하여.
爭(쟁) | 다투다. 겨루다.
誇(과) | 자랑하다.
白玉簪(백옥잠) | 백옥으로 만든 비녀, 잠簪은 비녀.

두 구절은 세 자매가 꽃나무 아래에서 소곤대는 것을 모친이 여러 차례 꾸짖지만 그래도 반악 같은 미남자를 연모하여 그가 자매들의 꿈속에 들어온다는 것을 말하였다. '잠지暫持' 이하 두 구절은 사람들이 세 자매들의 시구를 보면 혼이 끊어질 듯 망연해지는데, 만약 그녀들의 꽃과 같은 용모를 본다면 죽음을 달가와할 정도로 재색을 겸비하였다는 것이다. '창망悵望' 이하 두 구절은 사람들이 그토록 아름다운 세 자매들이 어디에 있는지 찾지만 그녀들은 천상에 떠 있는 구름처럼 잠시 북으로 갔다가 잠시 남으로 간다고 말한다. 이 구절은 시인이 사람들에게 세 자매의 재색을 찬미하고 신비화하여 더욱 호기심을 불러일으키기 위한 것으로 읽혀진다.

황주성은 《당시쾌》에서 "광, 위, 부 세 미녀의 재주로도 어현기의 표창을 얻지 못한다면 누가 그것을 알아주겠는가? 그러나 다만 그 한 수만이 전해질 뿐이다. 그러니 고금의 재원들을 생각해 본다면 깊은 규방

小有洞(소유동) | 신선이 사는 곳.
中(중) | 안, 속.
松(송) | 소나무.
露(로) | 이슬.
滴(적) | 방울져 떨어지다.
大羅天(대라천) | 도교에서 말하는 최고의 하늘.
上(상) | 위.
柳(류) | 버드나무.
煙(연) | 안개.
含(함) | 머금다.
但(단) | 다만.
能(능) | ~할 수 있다.
爲雨心(위우심) | 운우雲雨가 되는 마음 즉 운우지정(남녀간의 사랑)을 나누는 마음. 무산巫山의 신녀神女와 초楚나라의 양왕襄王이 사랑을 나눈 이야기에서 비롯되었다.
長(장) | 늘, 항상.
在(재) | 있다.
不怕(불파) | 두려워하지 않다.

에 매몰된 자들이 얼마나 많은지를 어떻게 하면 기록담당 선녀에게 물어볼 수 있을까!以光威裒三美之才, 不得幼微表章, 誰知之者? 然僅能傳其一首耳. 因思古今才媛, 埋沒深閨者何限, 安得向掌書仙姬而問之!"라고 하였다.

이 시에서 어현기는 문재가 뛰어난 세 명의 자매를 찬미하면서 그녀들을 "벌을 받고 속세에 와서 남자가 되지 못하였을 것이네謫來塵世未爲男"라고 하였으니, 고대 중국사회에서 재능 있는 여자로 태어난 것은 벌을 받은 것과 같다고 본 것이다. 이 점은 재주 있는 여성이 봉건시대를 살아가는 비애감을 그린 또 다른 시 〈숭진관의 남쪽 누대에 놀러 가서 새로 급제한 사람의 이름을 적어 놓은 곳을 보고서遊崇眞觀南樓睹新及第題名處〉에서도 일관되게 나타난다.

어현기의 이 시는 세 자매의 연구聯句의 운을 순서대로 따랐을 뿐만

吹簫事(취소사) | 퉁소를 불다. 취소吹簫는 몇 가지 뜻이 있는데 여기에서는 소사蕭史와 농옥弄玉의 고사와 관련이 있다. 소사는 춘추시대 진秦 목공穆公 때 사람으로 퉁소를 잘 불어 공작과 백학을 마당에 불러올 수 있었다. 진 목공은 자신의 딸인 농옥이 그를 좋아하자 결혼을 시켰는데, 농옥은 지아비로부터 퉁소 부는 방법을 배워 봉황의 울음소리를 불 수 있게 되었고 그 소리가 봉황이 날아온 것과 같았다. 후에 소사는 용을 타고, 농옥은 봉황을 타고 천상으로 올라갔다는 전설이 있다. 나중에 '취소'는 혼인을 맺는다는 의미로 사용되었다.

未諳(미암) | 아직 잘 알지 못하다. 암諳은 잘 알다, 익숙히 안다는 뜻이다.

阿母(아모) | 어머니. 모친. 나이 든 여자에 대한 통칭.

幾嗔(기진) | 여러 번 나무라다. 기幾는 여러 번, 여러 차례, 진嗔은 나무라다. 잘못을 꾸짖다.

花下語(화하어) | 청춘기의 여자가 꽃 아래에서 혼잣말을 하다.

潘郎(반랑) | 진晋의 시인 반악潘岳, 미남자로 유명하며 나중에 미남자를 지칭하는 말로 사용되었다. 이 시에서는 상상 속의 사랑하는 남자를 가리킨다.

曾(증) | 《전당시록》에는 '회會'라고 되어 있다.

向(향) | 지금까지, 여태껏.

夢中(몽중) | 꿈속.

參(참) | 만나다. 참견參見(뵈옵다)하다는 뜻으로 본래는 아랫사람이 윗사람을 뵙는 것을 가리키지만 이 시에서는 여자가 남자를 만나는 것을 가리킨다.

暫(잠) | 《전당시록》에는 '참慚'이라고 되어 있다.

持(지) | 잡다.

淸句(청구) | 청신한 시구, 광, 위, 부의 연구시聯句詩.

아니라 원작의 글자와 의미까지도 적절히 응용하여 지었기 때문에 세 자매의 시를 읽어 볼 필요가 있다. 세 자매의 시는 다음과 같다.

䰟猶斷(혼유단) | 혼이 끊어지는 것 같다. 열렬히 사랑하고 그리워하는 것을 형용한다. 혼䰟은 혼魂과 같은 글자이다. 유猶는 마치 ~인 것 같다.

若(약) | 만약.

覩(도) | 보다.

紅顔(홍안) | 여자의 아름다운 얼굴, 미녀를 가리키기도 한다. 이곳에서는 광위부光威裒 세 여자를 가리킨다.

死(사) | 죽음.

亦(역) | 또한.

甘(감) | 달다.

悵望(창망) | 슬피 바라보다.

佳人(가인) | 미인, 여기서는 세 자매를 가리킨다.

何處(하처) | 어디.

在(재) | 있다.

行雲(행운) | 떠다니는 구름.

歸北(귀북) | 북쪽으로 돌아가다.

又(우) | 또.

歸南(귀남) | 남쪽으로 돌아가다.

[부기]

광光, 위威, 부裒 세 자매가 함께 지은 시구

附 光威裒聯句

붉은 누대 그림자 곧으니 해는 정오이고,
옥나무 그늘 낮으니 달은 이미 삼경이네.(광)
얼굴분이 은상자에서 살며시 없어지고,
가위로 한가롭게 금가루 칠한 적삼을 자르네.(위)
수놓은 침상은 개를 짖게 할까 봐 걱정하고,
연애편지는 파랑새가 물게 하는 것을 근심하네.(부)
백 가지 맛 달여 놓으면 익모초를 아끼고,
천 가지 꽃 피는 곳에서 득남초를 다투네.(광)
원앙은 짝이 있으니 누구라도 부러워하고,
앵무새 말이 없으니 나 스스로 부끄럽네.(위)
돌아다니는 벌이 붕붕 날아다니는 것을 쓸데없이 좋아하고,
외로운 까치가 깍깍 우는 것에 놀란 척 하네.(부)
지나치게 아껴 주면 거북이손금을 세어 보길 좋아하고
떠오를 때마다 오로지 대모 비녀를 빼내네.(광)
안개 동굴에서 몇 년, 슬픔은 아직도 남아 있고
오작교 하룻밤이 휘장에 부질없이 머금어 있네.(위)
창 앞의 시절은 부끄럽게도 헛되이 버렸고,
세상의 풍류는 웃음지으며 깊이 알고 있네.(부)
나 홀로 아름다운 생사生絲를 묶어서 몰래 증정하고,

남 몰래 붉은 소매 드리워 상견례하는 법을 배운다네.(광)
망부석 되는 마음 정하기 어려운 줄 마땅히 아니,
오히려 구름 되는 정분이 달콤하기 쉽다네.(위)
풍광이 다 시들어 버리는 것을 목도하며,
거문고 소리 여전히 망강남을 좇아가네.(부)

朱樓影直日當午,
玉樹陰低月已三.(光)
膩粉暗銷銀鏤合,
錯刀閑剪泥金衫.(威)
繡牀怕引烏龍吠,
錦字愁教青鳥啣.(裒)
百味鍊來憐益母,
千花開處鬪宜男.(光)
鴛鴦有伴誰能羡,
鸚鵡無言我自慙.(威)
浪喜游蜂飛撲撲,
佯驚孤鵲語喃喃.(裒)
偏憐愛數螆蝀掌,
每憶光抽玳瑁簪.(光)
煙洞幾年悲尚在,
星橋一夕帳空含.(威)
窗前時節羞虛擲,
世上風流笑苦諳.(裒)
獨結香綃偷餉送,
暗垂檀袖学通參.(光)

須知化石心難定,

却是爲雲分易甘.(威)

看見風光零落盡,

絃聲猶逐望江南.(袁)

朱樓(주루) | 붉은 누대. 부귀한 여자가 사는 곳을 가리킨다.
影直(영직) | 태양의 그림자가 수직으로 나타나는 정오를 가리킨다.
日當午(일당오) | 해가 정오가 되다.
玉樹(옥수) | 전설 속의 신선나무.
陰低(음저) | 그늘이 낮게 드리워지다.
月已三(월이삼) | 달 그림자를 보니 이미 삼경 즉 한밤 12시라는 뜻.
膩粉(이분) | 화장용 향분.
暗銷(암소) | 슬며시 줄어들어 다 쓰게 되다.
銀樓合(은루합) | 꽃을 새긴 은상자, 합合은 합盒 즉 상자.
錯刀(착도) | 가위.
閑(한) | 한가롭다.
剪(전) | 자르다.
泥金衫(니금사) | 금가루를 칠한 적삼.
繡床(수상) | 자수 휘장을 건 침대, 세 자매의 침대를 가리킨다.
怕(파) | 두려워하다.
引(인) | 야기하다. 자아내다. 초래하다.
烏龍(오룡) | 개 이름.
吠(폐) | 개가 짖다.
錦字(금자) | 연애편지.
愁(수) | 근심하다, 걱정하다.
教(교) | (~에게) ~시키다. ~하게 하다.
青鳥(청조) | 신선고사 중 서왕모의 사자.
啣(함) | 머금다. 함銜의 속자.
百味(백미) | 백 가지 맛, 온갖 맛, 각종 식품과 맛을 가리키는데 여기서는 각종 약초를 혼합한 약재를 가리킨다.
鍊來(연래) | 달여 놓다. 연鍊은 가열을 통해 물건을 정제화하는 것을 말하므로 여기서는 약초를 달이다는 의미로 풀었고, 내來는 동사 뒤에 쓰여 동작의 결과를 나타낸다. 예를 들면 "보아하니(見來, 看來)", "말하자면 이야기가 길어진다(說來話長)", "잠에서 깨어나다(一覺醒來)" 등에서 사용된 내來의 용법과 같다.
憐(연) | 아끼다. 사랑하다.
益母(익모) | 익모초. 약초명. 월경을 순조롭게 하고 지혈작용이 있어 특히 여성에게 좋다.

작품설명

어현기의 앞의 시는 세 자매가 지은 이 '연구聯句'시에 근거하여 지은 것이다. '연구'는 작시作詩 방식의 하나이며 두 사람 혹은 여러 사람이 한 편의 시를 함께 짓는 것으로 처음에는 정해진 형식이 없고 한 사람이 한 구, 한 운씩 지어 가는 방식이다. 어현기의 시의 매 구절은 기본적으로 세 자매의 이 '연구'시의 내용에 근거하여 지은 것이므로 어현기의 앞의 시를 이해하려면 이 시에 대한 이해가 필요하다.

'주루朱樓' 이하 두 구는 아가씨들이 온종일 온밤 내 무엇을 하는지를

千花(천화) | 온갖 꽃.
開處(개처) | 피어난 곳.
鬪(투) | 다투다. 서로 풀을 뜯으려고 다투다.
宜南(의남) | 의남초宜男草. 풀이름, 임신한 여자가 이 풀을 몸에 차면 아들을 낳는다고 한다.
鴛鴦(원앙) | 원앙.
有伴(유반) | 짝이 있다.
誰(수) | 누가.
能羡(능선) | 부러워할 수 있다.
鸚鵡(앵무) | 앵무새.
無言(무언) | 말이 없다.
我(아) | 나.
自慙(자참) | 스스로 부끄러워하다.
浪(랑) | 헛되이.
喜(희) | 좋아하다.
游蜂(유봉) | 이리저리 날아다니는 꿀벌.
飛(비) | 날다.
撲撲(박박) | 붕붕. 의성어. 여기서는 벌이 날아다니면서 내는 소리.
佯(양) | 가장하다. 꾸미다. 일부러, 거짓으로 ~인 체하다.
驚(경) | 놀라다.
孤鵲(고학) | 외로운 학.
語(어) | 지저귀다.
喃喃(남남) | 깍깍. 의성어. 여기서는 까치가 내는 소리.
偏憐(편련) | 편애하다. 특별히 좋아하다.
愛(애) | 애호하다. 좋아하다.
數(수) | 세어 보다.

말한 것이다. ‘이분貳粉’ 이하 두 구는 아가씨들이 하는 일이 첫째는 화장하는 것이고, 둘째는 바느질임을 말한 것이다. ‘수상繡牀’ 이하 두 구는 자매들이 연인을 맞이하고 싶고, 연애편지를 건네고 싶지만 걱정과 근심이 있다는 것을 말한 것이다. ‘백미百味’ 이하 두 구는 결혼을 앞둔 여성으로서 자매들의 몸 관리에 대해 말한 것이다. ‘원앙鴛鴦’ 이하 두 구는 짝을 이룬 원앙새가 부러우며, 앵무새가 짝이 없어 말을 하지 않으니 나도 짝이 없어서 멀리 원앙을 보고, 가까이 앵무새를 보며 스스로 부끄러움을 느낀다는 것이다. ‘낭희浪喜’ 이하 두 구 역시 연애를 하

蟕蠵掌(자이장) | 큰 거북이 모양의 손바닥. 자이蟕蠵는 큰 거북이의 일종. 자이茲夷라고도 부른다. 여자가 자이 수상手相을 지니고 있으면 멋진 남편을 얻을 수 있다고 하여 그래서 세어보기를 좋아하였다. 이 구절은 매번 자신을 편애할 때면 손바닥 지문을 세어 보고 혼인에서 행운이 있는지를 알아본다는 말이다.

每(매) | 마다.

憶(억) | 떠올리다. 생각하다.

光(광) | 오로지. 단지.

抽(추) | 뽑다. 여기서는 비녀를 뽑다(추잠抽簪). 여자가 남자의 구혼에 대답할 때 머리장식품을 꺼내어 보여 주는 풍습이 있었다.

玳瑁簪(대모잠) | 대모잠瑇瑁簪이라고도 한다. 대모玳瑁로 만든 비녀를 말한다. 대모는 옥의 일종으로 장식품으로 사용된다.

烟洞(연동) | 신선이 사는 곳. 선동仙洞과 같다.

幾(기) | 몇.

悲(비) | 슬픔.

尚(상) | 아직.

在(재) | 남아 있다.

星橋(성교) | 오작교.

一夕(일석) | 하룻밤.

帳(장) | 휘장.

空(공) | 부질없이.

含(함) | 머금다.

窗前(창전) | 창 앞.

時節(시절) | 시절.

羞(수) | 부끄럽다.

虛擲(허척) | 허비하다. 헛되이 버리다. 허송하다.

고 싶은 여성의 심리를 그리고 있고, '편련偏憐' 이하 두 구는 결혼을 하고 싶어 하는 여성의 심리를 그리고 있다. '연동烟洞' 이하 두 구는 신선 생활은 슬픔이 있고, 오작교에서 남녀가 만나는 것이 기쁘다고 말함으로써 신선이 되기보다는 운우지정을 나누는 데 관심이 있다는 것을 암시하고 있다. '창전窗前' 이하 두 구는 창 앞의 좋은 시절이 공허하게 지나 부끄러움을 느끼며, 세상의 풍류에 대해 너무 잘 알고 있어 웃음 짓는다는 것이다. '수지須知' 이하 두 구는 망부석이 되는 것은 어려운 것이니, 자신은 무산의 신녀처럼 아침에는 구름이 되고 저녁에는 비가 되

世上(세상) | 세상.

風流(풍류) | 멋스럽고 풍치가 있는 일. 또는 그렇게 노는 일.

笑(소) | 웃다, 웃음을 짓다.

苦諳(고암) | 매우 잘 알다. 고苦는 깊이, 매우, 심히. 동사 앞에 쓰여서 정도를 나타내는 부사로 쓰인다.

獨(독) | 홀로.

結(결) | 생사生絲로 꽃 매듭을 맺음. 여기서는 동심결同心結을 맺는 것을 의미하는 것으로 보인다. 동심결은 두 고를 내고 맞죄어 매는 매듭으로 굳고 곧은 애정을 나타내는 데 사용하였다.

香綃(향초) | 아름다운 생사生絲. 생 명주실.

偷(투) | 남몰래. 슬그머니. 살짝. 가만히.

餉送(향송) | 보내다. 증정하다.

暗(암) | 몰래. 홀로. 은밀하게.

垂(수) | 드리우다, 아래로 늘어뜨리다.

檀袖(단수) | 붉은 소매. 아녀자의 붉은색 옷소매를 가리킨다. 명대明代 탕현조湯顯祖의 《모란정牡丹亭 · 혼유魂游》에도 "좋구나! 네가 붉은 소매를 반쯤 늘어뜨리고 상견례를 배우는구나好哩! 你半垂檀袖學通參."라는 표현이 있다.

學(학) | 배우다.

通參(통참) | 상견례. 이 구절은 여자가 붉은 소매를 늘어뜨리고 상견례의 언어와 예교를 연습하는 것을 말한다.

須(수) | 반드시(마땅히)~하여야 한다. 모름지기~해야 한다. ~할 필요가 있다. ~해야 한다.

知(지) | 알다.

化石心(화석심) | 돌이 되는 마음. 망부석이 되는 마음. 남편에 대한 아내의 절개와 그리움을 비유하는 데 사용된다. 어현기의 또 다른 시 〈서쪽 마을의 새 이웃에게서 차운을 하고 아울러 술을 청하다次韻西鄰新居兼乞酒〉에도 화석심化石心이 나온다.(본서 해당작품 주석 참조)

難定(난정) | 정하기 어렵다.

어 남편을 대할 수 있다면 정분이 이미 다하더라도 쉬이 마음속에 달콤함을 느낄 수 있다는 것이다. '간견看見' 이하 두 구는 자매들이 봄빛이 스러지는 것을 보면서 그것을 아쉬워하는 곡조를 탄다고 함으로써 봄과 청춘을 구가하는 숙녀들의 정서를 드러냈다.

❁ 唐女郎魚玄機詩集終 ❁
당대의 여랑 어현기 시집 끝

어현기 시집의 원본은 여기에서 끝난다.
여랑은 사내 같은 기질과 재주가 있는 여자를 가리킨다.

却是(각시) | 도리어, 오히려, 도시倒是(daoshi)와 같은 의미이다. 시是는 단독으로도 '이而'처럼 역접의 의미를 지니고 있지만 각시却是의 시是는 도시나 우시于是(=어시於是, 그래서)의 시是처럼 사용되었다.

爲雲(위운) | 구름이 되다. 운우지정(남녀간의 사랑)을 나누다. 무산巫山의 신녀神女와 초楚나라의 양왕襄王이 사랑을 나눈 이야기에서 비롯되었다. 어현기는 앞의 시(47. 광, 위, 부의 운을 빌려서. 자매 세 사람이 어려서 아버지를 여의었으나 비로소 곱게 자라 이 작품을 지었는데 정교하고 아름다워 짝하기 어려우니 비록 사씨 집안의 눈을 노래한 작품이라 하더라도 어떻게 그것을 능가하겠는가? 어떤 손님이 서울에서 오신 분인데 나에게 보여 주었다.因次光, 威, 裒韻. 姊妹三人少孤而始妍乃有是作精粹難儔雖謝家聯雪何以加之有客自京師來者示予))에서 이 두 글자에 착안하여 '위우爲雨(비가 되다. 운우지정을 나누다)'라는 표현을 사용하였다.

分(분) | 정분.

易甘(이감) | 달콤하기 쉽다.

看見(간견) | 목도하다.

風光(풍광) | 봄 빛, 여자의 청춘이 아름다운 것을 비유.

零落(영락) | 시들다.

盡(진) | 다하다.

絃聲(현성) | 현 소리, 거문고 등의 현악기가 내는 소리, 현絃은 현弦과 같은 글자이다.

猶(유) | 아직, 여전히.

逐(축) | 뒤쫓아가다.

望江南(망강남) | 악곡명, 당대唐代부터 사조詞調이름으로 사용하였고 별칭이 많다. 주로 강남의 풍광을 찬미하거나 기혼 여자의 이별의 근심과 한을 그리고 있다.

미수록시

이하에 수록된 시와 시구는 원본에는 수록되지 않았다.

魚玄機

버들을 꺾으며
折楊柳

날마다 송별하며 울음 터트리는 꽃비녀가요,
봄바람 속 안개 같은 버들을 다 꺾어 버렸죠.
서산에 나무들이 다 없어져서 사람들이,
눈물지으며 괘념치 않게 되길 바라지요.

朝朝送別泣花鈿,
折盡春風楊柳煙.
願得西山無樹木,
免教人作淚懸懸.

折楊柳(절양류) | 한대漢代 악부樂府 〈횡취곡橫吹曲〉의 이름. 대부분 봄의 애상과 이별의 슬픔을 노래하였다. 옛 사람들은 "버들을 꺾어(절류折柳)"로써 송별이라는 말을 대신하였다. 당대唐代에는 특히 먼 길을 떠나는 자에게 버드나무가지를 꺾어서 보내는 풍습이 유행하였다.
朝朝(조조) | 매일, 날마다.
送別(송별) | 송별.
泣(읍) | 울다.
花鈿(화전) | 꽃비녀. 금과 비취, 보석으로 만든 꽃 모양의 머리 장식. 이것으로 '여자'라는 말을 대신하였다. 여기서는 꽃모양 머리장식을 한 여자를 말한다.
折盡(절진) | 버들가지를 다 꺾어 버리다. 송별이 많다는 것을 말한다.
春風(춘풍) | 봄바람.
楊柳烟(양류연) | 버드나무가 봄날에 무성하여 마치 안개처럼 보이는 경치를 말한다.

작품설명

이 작품은 원본에는 수록하고 있지 않는데《문원영화》와《전당시》에 근거하여 보충해 넣었다. 이 시는 고대 악부의 제목을 빌려 이별의 아픔을 그리고 있다. 당대唐代에는 버드나무를 꺾어 송별하는 풍속이 있었다. 버들(柳, 류, [liu])은 머물다(留, 류, [liu])와 동일음운으로 고대 중국인들은 버들을 꺾어 주면서 떠나는 사람을 만류하고자 하는 심정을 담았다. 그래서 봄이 되면 이별하는 곳마다 버드나무가지를 꺾어 이별의 말을 건넸기 때문에 온 성을 덮었던 버드나무가 모두 꺾어질 정도였다고 한다. 이 시의 마지막 구절은 참신하고 개성 있다. 시인은 환상을 통해 서산에 만약 버드나무가 없다면 이 때문에 이별의 근심은 없을 것이라고 말한다. 이러한 상상은 작자의 천진함을 드러내어 오히려 내면의 침통함을 드러내고 있다. 이별을 안타까워하는 것에서 이별을 원망하는 것으로 주제가 점점 깊어지고 감정은 더욱 강렬해지며, 이별을 원망하는 것은 버들을 원망하는 것으로 바뀌어 표현이 곡절하고 의미는 심장하여 독자의 심금을 건드리는 예술적 매력이 있다.

願得(원득) | (~상태가) 되기를 바라다. 원願은 바라다, 득得은 (~한 상태를) 얻다, ~하게 되다는 의미이다. 원득願得 이하 전체(마지막 구절까지)를 빈어로 받는다. 당대 백거이白居易의 시《당생에게寄唐生》에도 "오직 백성의 병을 노래하여, 천자가 알게 되기를 바라네惟歌生民病, 願得天子知."라는 표현이 있고, 청대 육숭陸嵩의 시《새해에 짓다新年作》에도 "동풍이 남녘 두렁에 일어나, 봄 빛을 재촉하여 차가운 색을 흩트리게 되기를 바라노라願得東風起南陌, 催動春光散寒色."라는 표현이 있다.

樹木(수목) | 수목.

免(면) | 면하다. 어떤 일을 당하지 않게 하다.

教人(교인) | 사람으로 하여금.

作淚(작루) | 눈물짓다.

懸懸(현현) | 괘념하는 모양.

구절
句

(1)

향을 사르고 옥제단에 올라,
홀을 단정히 금궁궐에 예를 올립니다.

焚香登玉壇,
端簡禮金闕.

(2)

밝은 달은 어슴푸레한 틈을 비추고,
맑은 바람 짧은 옷깃을 열어 젖혀요.(옥중에서 짓다)

明月照幽隙,
淸風開短襟. (獄中作)

(3)

아름다운 들판길에 봄의 조망 멀고,
거문고의 음표기에 봄의 흥취 많네.

綺陌春望遠,
瑤徽春興多.

(4)

은근한 연정 말로는 할 수 없어,
빠알간 눈물 한 쌍이 흐르네요.

殷勤不得語,
紅淚一雙流.

(5)

구름 같은 정, 스스로 울적해져 어찌 함께 꿈꿀까,
신선의 풍모, 언제나 향기로워 거듭 꽃을 이기네.

雲情自鬱爭同夢,
仙貌長芳又勝花.

작품설명

이상의 구절들은 《전당시》에 근거하여 추가하였다. 《전당시》에서는 '구句'라고 제목을 붙였는데 진문화는 '일시단구逸詩斷句(없어진 시의 조각구)'라는 제목을 붙였다. 이 다섯 개의 단구斷句는 전체 시가 전해지지 않기 때문에 어떤 상황에서 지어진 것인지는 알 수 없다. 다만 두 번째 작품에 대해서는 당대唐代의 황보매皇甫枚의 《삼수소독三水小牘》에서 아름다운 구절이라고 소개하고, "옥중에서 지은 것(獄中作)"이라고 하였으니 의미로 보아 역시 옥중에서 지은 것으로 볼 만하다. 그렇다면 이 구절의 앞 구는 밝은 달빛이 감옥의 철창 틈으로 비쳐 들어오는 것을 묘사한 것으로 짐작할 수 있다. 뒷 구에 나오는 '짧은 옷깃(短襟)'은 여자가 입는 짧은 상의의 옷깃을 가리키므로 이 구절을 지은 때는 아마도 한여

焚香(분향) | 분향하다. 향을 사르다.

登(등) | 오르다.

玉壇(옥단) | 제단祭壇. 도가에서 천제에게 제사지내는 단.

端簡(단간) | 홀을 단정히 하다. 간簡은 홀笏, 관직이 있는 자가 관복을 갖추고 임금의 명을 받아 적는 도구. 단端은 바르게 하다.

禮(예) | 예를 올리다. 경의를 표하다.

金闕(금궐) | 금궁궐. 도가에서 믿는 천상의 궁궐로 천제天帝나 신선이 산다고 여김.

明月(명월) | 밝은 달.

照(조) | 비추다.

幽(유) | 어둡다.

隙(극) | 틈, 구멍.

淸風(청풍) | 맑은 바람.

開(개) | 열어 젖히다.

短襟(단금) | 짧은 옷깃.

獄中作(옥중작) | 옥중에서 짓다.

綺陌(기맥) | 아름다운 들 길. 풍경이 아름다운 교외의 들판 길. 맥陌은 들 길. 논밭 사이에 동서로 난 좁은 길을 가리킨다. 기綺는 그 주변에 꽃이 피어나 아름다운 것을 가리킨다.

春望(춘망) | 봄날의 조망, 봄날의 풍경을 바라보다.

瑤徽(요휘) | 옥으로 만든 거문고의 음표기인데 아름다운 거문고를 비유하기도 한다. 음표기는 거문고 줄의 소리 위치를 나타내는 표지標志로 금옥 등으로 만든다.

름일 것이다. 이 두 구는 어현기가 삶의 끝자락에서 그려낸 풍경일 것이다. 첫 번째 구절은 도사의 제사활동을 그린 것으로 보인다. 옥단玉壇이나 금궐金闕 모두 도가의 용어이다. 세 번째 구절은 봄날의 조망을 그렸다. 봄날 큰 길을 따라 펼쳐진 아름다운 봄풍경을 눈이 미치는 데까지 조망하며 아름다운 거문고에서 울리는 봄날의 흥취를 그렸다. 네 번째 구절은 사랑에 빠진 규방의 아녀자가 남몰래 흘리는 붉은 눈물, 피눈물, 슬픔의 눈물을 말하였다. 마지막 구절에서 앞 구는 부부간의 정이 시들해진 것을 그리고 있고, 뒷 구는 여자 신선의 얼굴은 오래도록 아름다워 잠시 피었다 지는 꽃보다 낫다는 것을 말한다. 남편의 사랑을 받다 결국 그 사랑을 잃고 여도사로 지내다가 결국 사람을 죽이고 옥에서 생을 마감한 어현기 삶의 편린이 시구 곳곳에 묻어 있다.

春興(춘흥) | 봄의 흥취, 봄날의 감흥.
殷勤(은근) | 남녀간의 애정.
不得(부득) | ~할 수 없다. 불능不能, 불가不可와 같다.
語(어) | 말하다.
紅淚(홍루) | 붉은 눈물. 미인의 눈물 혹은 피눈물이라는 뜻이 있다.
一雙(일쌍) | 한 쌍, 눈물이 두 눈에서 흐르는 모양을 말하였다.
雲情(운정) | 구름같은 정, 남녀간의 정이 좋은 것을 비유한다.
鬱(울) | 울적하다.
爭(쟁) | 어찌, 어떻게. 주로 시詩, 사詞, 곡曲에서 이런 의미로 쓰인다.
同夢(동몽) | 함께 꿈꾸다. 부부간의 정이 깊은 것을 가리킨다. 《시경詩經》의 제풍齊風, 〈계명雞鳴〉에 "벌레들 윙윙 날아다니는데, 달콤하게 그대와 함께 꿈을 꾸네蟲飛薨薨, 甘與子同夢."라는 표현이 나온다. 벌레들이 윙윙거리며 날아다닌다는 것은 동녘에 해가 밝아 오는 때를 가리키는데, 그런데도 나는 즐겁게 그대와 누워서 함께 꿈을 꾸고 있다는 말로 서로 친애함이 끝이 없다는 것을 뜻한다. 그래서 동몽同夢은 부부간의 정이 깊은 것을 나타내는 전고로 사용된다.
仙貌(선모) | 신선의 풍모와 자태.
長(장) | 언제나, 늘, 항상.
芳(방) | 향기로운, 향긋한.
又(또) | 또, 다시, 거듭. 어떤 동작이나 상황이 중복되거나 계속됨을 나타낸다.
勝花(승화) | 꽃을 이기다. 승勝은 능가하다, 우월하다, 낫다는 의미로 꽃보다 아름답다는 의미.

어현기 시 해제

✿ 어현기는 누구인가?

어현기魚玄機(약 844~846년 출생, 868년 사망), 이십대 청춘의 한 자락에 사형으로 삶의 종지부를 찍은 독특한 이력의 소유자로 당대唐代의 여성 시인이다. 동시대의 설도薛濤, 이야李冶 등과 함께 당대 최고의 여성시인으로 손꼽힌다. 대부분의 옛 여성시인들처럼 어현기 역시 생애에 대한 상세하고 정확한 기록은 남아 있지 않다.[1] 본고는 현재까지 대체로 알려진 사실을 중심으로, 가능한 대로 어현기의 생애를 재구하였다.

어현기(자字 유미幼微 혹은 혜란蕙蘭, 도사가 된 뒤에 현기玄機라고 개명)는 장안長安(지금의 섬서성陝西省 서안시西安市)의 평범한 집안의 딸로 태어났다. 총명하고 지혜로우며 책읽기와 글짓기를 좋아하고 경국지색의 미모를 지녔다고 한다.[2]

1 어현기의 생애에 대한 관련 기록으로는 唐代 皇甫枚의《三水小牘》, 五代 孫光憲의《北夢瑣言》, 宋代 計有功의《唐詩紀事》, 元代 辛文房의《唐才子傳》등이 있는데, 이들 기록은 완전히 확신할 수 있는 기록은 아니라고 보고 있다.

2 唐, 皇甫枚,《三水小牘 · 綠翹》: "唐西京咸宜觀女道士魚玄機 字幼微, 長安里家女也. 色既傾國, 思乃入神, 喜讀書屬文, 尤致意於一吟一咏." 元, 辛文房,《唐才子傳》: "玄機, 長安人, 女道士也. 性聰慧, 好讀書, 尤工韻調, 情致繁縟."

어현기는 약 열다섯이 되는 무렵에 이억李億이라는 남자의 첩으로 들어갔다. 이억이라는 사람이 누구인지에 대해서는 역사적 기록이 별로 없다. 다만 청대淸代 서송徐松의《등과기고登科記考》(권卷22)의〈옥지당담회玉芝堂談薈〉의 인용부분에 의하면 이억은 당唐 선종宣宗 대중大中 12년(858)에 진사과進士科에 장원으로 합격한 바 있다. 또한 어현기의 시를 통해 그의 자가 자안子安이며 보궐補闕이라는 관직에 있었고 산서山西 사람인 것으로 추정할 수 있을 뿐이다. 어현기가 이억의 첩이 되어 얼마 동안 무엇을 하며 지냈는지는 자세히 알 수 없다. 다만 이억을 따라 산서山西 진성晉城 일대를 간 적이 있다고 보고 있다. 진문화는 보궐이 간관諫官으로 파견근무가 없으므로 그가 산서에 간 것은 아마도 귀성일 것이며 이것은 온정균의〈이억이 동쪽으로 돌아가는 것을 전송하며送李億東歸〉라는 시가 그 증거라고 하였다. 온정균 또한 산서 사람으로 이억과 친했으며 함통 초에 마침 장안에 있었고 진성이 장안 동쪽에 있어서 '동쪽으로 돌아가다(동귀東歸)'라고 말한 것이라고 진문화는 말한다. 또한 이억은 그때 막 어현기를 첩으로 들여 매우 총애를 하였으므로 아마도 그녀 한 사람을 데리고 동쪽으로 갔을 것이고, 이 시기의 생활은 그녀의 생애에서 비교적 자유롭고 평화로운 시기였을 것이다. 이때 그녀는 유상서劉尙書, 좌명장左名場 등과도 교제하였다고 진문화는 보고 있다.[3] 또한〈완사묘浣紗廟〉와 같은 시를 보면 어현기가 강을 거슬러 올라가 강남 지방에 가 본 것으로 추정되는데, 어현기가 이억을 따라 강남 일대를 지나갔다고 보기도 한다.[4]

어현기는 처음에는 이억의 총애를 받았다 그러나 본처가 질투를 하

3 陳文華,《唐女詩人集三種》(上海古籍出版社, 1984), pp. 11-13 참조.

4 梁超然,〈魚玄機考略〉,《西北大學學報》, 1997年 第3期.

는 바람에 받아들여지지 않았다.[5] 사랑이 식어 버리자 그녀는 당시 장안에서 유서 깊은 도교사원(도관道觀)인 함의관咸宜觀으로 출가하여 여도사女道士가 되었다.[6] 기록에 의하면 이 모든 일은 대략 함통咸通 초기(함통 연간은 860~874년이므로 초기는 대략 처음 3년간 즉 860년에서 862년 사이로 추정)에 일어났으며 어현기가 도사에 뜻을 품은 것은 겨우 이팔청춘 열여섯 살 무렵이었다.[7]

당시 여도사들은 일반 부인들과는 달리 남성들과 자유롭게 접촉할 수 있었다. 어현기 역시 함의관으로 들어가 여러 풍류객들과 사귀며 자유분방한 생활을 하였다. 말이 도사이지 반쯤은 창기와 같은 생활이었다.[8]

어현기가 살았던 시대는 만당의 초기로 온정균, 이상은李商隱 등이 이름난 시인들이었다. 어현기는 당시 장안의 명사들과 자유롭게 교유하였는데, 현존시로 보면 온정균, 이근인李近仁, 이학사李學士, 이영李郢, 좌명장

---

5 元代 辛文房,《唐才子傳》: "咸通中及笄, 爲李億補闕侍寵, 夫人妬不能容, 億遣隸咸宜觀披戴."

6 五代 孫光憲,《北夢瑣言》: "適李億補闕, 後愛衰下山, 隸咸宜觀爲道士."(《北夢瑣言》卷九, 中華書局, 1960, p. 76)

7 唐代 皇甫枚,《三水小牘 · 綠翹》: "破瓜之歲, 志慕淸虛, 咸通初, 遂從冠帔于咸宜."《북몽쇄언》의 기록과 본 기록을 종합해 보면 어현기는 결혼을 하고 나서 여도사가 되었다.《당재자전》과 본 기록만 보면 어현기는 함통 연간에 결혼하였고, 열여섯 살(破瓜之歲)에 도사에 뜻을 두었으며, 함통 초에 함의관에 들어갔다. 신문방의《당재자전》은 원대元代의 기록이며,《삼수소독》은 어현기와 동시대 인물인 황보매가 쓴 것으로 이 책이 비록 전기傳奇 소설이긴 하지만 기록은 대체로 근거가 있다고 보고 있다. 따라서 이 일련의 사건은 함통 초기에 일어난 것으로 볼 수 있으며 함통 초라면 일반적으로 3년을 넘지 않으므로 정리하면 함통 원년(860년, 함통으로 개원한 것은 860년 음력 11월이다.)에서 함통 3년(862) 사이에 어현기는 결혼을 하고 여도사가 되었다. 도사에 뜻을 품은 것이 16세라고 하였으므로 그녀의 출생은 대략 회창會昌 4년(844)에서 회창 6년(846) 사이로 추정할 수 있다. 어현기가 이억의 첩이 되어 생활한 것이 얼마나 되는지는 알 수 없다. 또한 이 일련의 사건이 얼마의 기간에 걸쳐 일어났는지는 현재로서는 알 수 없다.

8《北夢瑣言》: "自是縱懷, 乃娼婦也."

左名場 등과 교제한 것으로 보인다. 이 가운데 특히 온정균과는 시를 주고받았다는 기록이 있으나,[9] 현존시를 보면 어현기가 온정균에게 보내는 시는 있지만 온정균의 현존시에 그가 어현기에게 보낸다는 제목으로 된 시는 없다. 온정균은 대중大中 12년(858)에 어현기의 남편 이억과 함께 진사가 되었는데 이억은 장원으로 급제하고 온정균은 소란죄로 수주수현위隨州隨縣尉로 출척되었다가 그 뒤 장안長安으로 돌아왔다. 어현기가 온정균을 알게 된 것은 아마도 대중 12년(858)에 이억의 첩이 되던 즈음일 것이다. 또한 이영李郢과 같은 마을에 살며 시를 주고받았다고 한다.[10] 《신당서》에 의하면 이영은 자字가 초망楚望이고 대중 연간에 진사進士에 급제하여 시어사侍御史가 되었다. 어현기가 여도사가 되었을 때 그녀의 시가는 선비들 사이에서 비교적 큰 영향을 끼쳤다. 그 뒤 호걸협객들의 사랑을 받아 그들을 좇아 놀러 다니며 살았다. 풍류객들이 다투어 그녀와 교유하였다고 기록은 말한다.[11]

어현기의 시에는 그녀가 강릉江陵, 한양漢陽, 무창武昌, 악천鄂川, 구강九江 등의 지역을 간 것으로 그리고 있다. 어현기가 어느 시점에 이들 지역을 갔는지는 정확히 알 수 없지만 진문화는 어현기가 이억의 버림을 받은 뒤에 한동안 호북湖北 일대를 돌아다녔다고 보았다. 그리고 〈악주를 지나며過鄂州〉, 〈한강을 사이에 두고 이억님께隔漢江寄子安〉, 〈강릉에서 근심으로 바라보며 이억님께江陵愁望寄子安〉, 〈강을 건너며江行〉, 〈마음속을 끌어내어遵懷〉 등의 시를 보면 그녀가 일찍이 한수漢水를 따라 종상鍾祥, 강릉(당대唐代에는 강릉부江陵府의 동쪽 경계가 지금의 잠강현潛江縣 한수漢水 남안南岸에 이른다)을 지나 무창에 이르러 장강長江으로 들어갔다고 하였

9 元代 辛文房,《唐才子傳》: "與溫庭筠交游, 有相寄篇什."
10 元代 辛文房,《唐才子傳》: "與李郢同巷, 詩筒往返."
11 《三水小牘, 綠翹》 참조.

다.[12] 여도사가 된 이후 어현기의 생활에 대해서는 이 정도로 짐작할 뿐이다.

여도사가 된 이후 그리고 어현기의 전 생애에서 가장 확실하다고 볼 수 있는 연도는 868년(함통 9년)이다. 이 해에 어현기는 살인죄로 사형에 처해졌다. 《삼수소독》의 기록을 정리하면 사건의 전말은 이러하다.

> 어현기에게 녹교綠翹라는 여시동이 있었는데 총명하고 아름다웠다. 어느 날 어현기가 이웃의 초대를 받아 나가면서 녹교에게 당부하기를 "나가지 마라. 만약 손님이 오시거든 어디에 있다고만 말하거라"라고 하였다. 어현기는 여도반과 머물다가 저녁이 되어서야 돌아왔다. 녹교가 맞이하면서 말하길 "마침 어떤 손님이 오셨다가 도사님(여기서는 어현기를 가리킴-역자 주)께서 안 계신 것을 알고서 곧장 가셨습니다"라고 고하였다. 이 손님은 어현기와 평소에 친하게 지내는 사람이었는데 그녀는 녹교가 그와 사통한 것이라고 여겼다. 밤이 되자 등불을 켜고 녹교를 들어오게 하여 심문하였다. 녹교가 자신은 잘못이 없으니 의심하지 말라고 빌었지만 어현기는 더욱 노하여 녹교의 옷을 벗기고 매질을 수백 대나 하였다. 녹교가 지쳐서는 물 한 잔을 땅에 부어 달라고 하더니 "도사님은 도교의 장생의 도를 추구하면서 아직도 잠자리의 환락을 잊지 못하고 도리어 시기하고 무고를 하니 녹교는 오늘 반드시 독한 손에 죽을 거예요. 하늘이 없다면 하소연할 데가 없을 것이지만, 만약에 있다면 맹세코 저승에서 멍청하게 있으면서 멋대로 당신이 방탕하게 하도록 하지 않을 거예요."라고 말을 마치고선 숨이 끊어졌다. 어현기는 겁이 나서 뒤뜰에 구덩이를 파서 묻고는 속으로 아는 사람이 없을 것이라고 생각하였다. 때는 함통 무자년戊子年 봄

12 진문화, 앞의 책, pp. 11-13.

정월이었다. 누가 녹교에 대해 물어오면 어현기는 "봄비가 그치자 도망갔다"고만 말하였다. 어떤 손님이 어현기의 집에서 연회를 하던 중 뒤뜰에 소변을 보러 갔다가 쇠파리 수십 마리가 떼를 지어 왔다갔다하는 것을 보았는데 자세히 보니 혈흔이 있고 게다가 비린내가 나는 것이었다. 이 손님이 나와서 가만히 노복에게 말해 주었는데, 노복이 돌아가 다시 그 형에게 말했다. 그 형은 관아의 졸개였는데 전에 어현기에게 금품을 요구했다가 어현기가 받아주지 않자 그것을 마음에 깊이 품고 있었다. 그는 이 이야기를 듣고는 곧장 졸병 몇 명을 불러 삽을 들고 어현기의 뒤뜰로 들어가 파헤치니 녹교의 얼굴이 살아 있는 것 같았다. 결국 어현기를 잡아 경조부京兆府에 보고했다. 관리가 심문을 하자 그녀는 바로 자백을 하였다. 당시 조정의 선비들이 모두 그녀를 위해 변호하였지만 그러나 어찌 할 도리가 없었다. 가을이 되어 결국 사형에 처해졌다.[13]

이상의 기록을 보면 어현기가 녹교를 때려 죽인 때가 함통 무자년戊子年(함통 9, 868) 봄 정월이고, 그해 가을에 사형에 처해졌다. 황보매는 어현기와 동시대인이다.《삼수소독》이 비록 전기소설집이지만 기록한 바는 대체로 이유가 있으므로 당시 수도를 떠들썩하게 하였던 살인사건에 대해서는 멋대로 연월을 고치지는 않았을 것이므로 어현기의 사망 연도는 함통 9년(868)으로 볼 수 있다. 이렇게 본다면 어현기의 출생 연도가 약 844년에서 846년 사이이므로 그녀는 겨우 스물두 해 내지 스물네 해 정도를 살았을 뿐이다. 청대의 황주성은《당시쾌》에서 어현기를 동정하여 "저 조물주가 재주꾼을 대우함이 참으로 지극히 각박하고 독

13 이상《삼수소독·녹교》참조.《북몽쇄언》에 의하면 어현기의 살인사건을 처리한 당시 경조부윤京兆府尹은 온장溫璋이었다고 한다.

하도다. 어찌 재원을 대우함이 또한 이와 같은가夫造物之待才人, 固極刻毒矣, 何其待才媛亦復爾爾耶"라고 하였다.

✿ 어현기의 시세계: 그 여자의 시, 그 여자의 마음의 무늬

《전당시》에 수록된 200여 명의 여성 시인 가운데 현존 작품수가 비교적 많고 유명한 시인으로는 설도, 어현기, 이야 세 사람을 꼽는다. 이 3인방 가운데 어현기는 설도와 함께 쌍벽을 이루는 당대의 대표적 여성 시인이다. 원대의 신문방은《당재자전》에서 "당시 경성에 많은 여자들이 읊조리고 노래하며 스스로를 달랬는데 어현기가 그중에 가장 걸출하다."[14]라고 하였다.

그녀의 시는 대부분 서정시이다. 그녀의 삶은 짧았고 현존하는 시는 50수 정도밖에 안 되지만 그녀의 시세계는 다채롭다. 현존시를 먼저 내용에 따라 분류하면 애정시, 교제시, 여행시, 도교생활시, 영물시, 기타 일상적 서정시 등으로 나눌 수 있다. '사랑'은 어현기의 삶과 정서의 핵이라고 할 수 있다. 이성에 대한 사랑, 한 남자에 대한 열렬한 감정의 솟구침은 인간과 여성의 삶의 중심 정서 중의 하나임을 부정할 수 없다. 1,100여 년 전의 중국의 한 시대를 살아갔던 어현기의 시에서 사랑과 사랑으로 인해 발생하는 다양한 감정세계는 매우 중요하다. 어현기의 마음을 사로잡은 사람은 이억李億이다. 그녀는 잠시 그의 소실이 되어 살다가 끝내 버림받았다. 현존시에서 직접적으로 이억에게 보낸다는 것을 드러내고 있는 작품은 〈연애편지를 이자안 보궐님께情書寄李子安補闕〉, 〈춘정을

14 "當時京城有許多女孩以吟咏自遣, 而魚玄機是其中最杰出的."

자안님께春情寄子安〉, 〈한강을 사이에 두고 이억님께隔漢江寄子安〉, 〈강릉에서 근심으로 바라보며 이억님께江陵愁望寄子安〉, 〈자안님께寄子安〉 등 모두 5수이다. 이들 작품에서 어현기는 이억에게 강물 같은 그리움("그대를 생각하는 내 맘은 서강의 물과 같아/밤낮으로 동으로 흘러가 쉬는 때가 없네요.憶君心似西江水, 日夜東流無歇時"〈江陵愁望寄子安〉)을 표현했지만 결국에는 버림받고 헤어진 채 "사랑의 감정은 물이 길이 흐르는 것을 반드시 배워야지요.情須學水長流"(〈寄子安〉)라고 소리치고 원망한다.

이억과 헤어진 뒤 여도사가 된 어현기는 당대의 많은 여도사들이 그러했던 것처럼 뭇 남성들과 시와 술을 함께하며 교제한다. 그녀의 교제시는 주로 "기寄, 수酬, 화和, 차운次韻" 등의 제목과 형식으로 이루어졌는데 대표적 인물이 바로 만당晩唐의 사단詞壇(사詞는 송대의 시가의 한 형식)을 장식한 유명한 사詞 작가 온정균이다. 기록에 의하면 온정균은 어현기의 지아비였던 이억과는 같은 지방 사람(산서山西 지방)인데다 과거 급제동기생으로 친분이 두터웠다. 어현기의 현존시에서 온정균과 관련된 시는 〈겨울밤 온정균님께冬夜寄溫飛卿〉와 〈온정균님께寄飛卿〉 두 수이다. 이들 시에서 어현기는 한때는 남편이었던 사람의 친한 친구였던 온정균에게 이별 뒤의 자신의 괴로운 심정과 불면의 밤의 고독을 하소연하고 있다. "성하고 쇠함에서 다만 본래의 마음을 보지요.盛衰空見本來心"(〈寄飛卿〉)라는 그녀의 시구는 자신의 처지를 잘 아는 남편의 친구에게 내뱉어보는 부질없는 한탄이다. 온정균은 여도사가 되기 전부터 알았던 인물로 남편의 친구였으며 현존시로 볼 때 남녀간의 애정관계가 있었던 것은 아닌 것으로 보인다. 남편과 헤어진 뒤 여도사가 된 이후에 어현기가 교유한 것으로 보이는 남성들이 여럿 있다. 그 가운데 특히 어현기가 좋아한 사람이 이영이었다. 현존시에서 어현기가 이영에게 보낸 시는 〈이영님이 여름날 낚시하고 돌아와 보여 주신 것에 답하여酬李郢夏日釣魚回見示〉와 〈이단공이 낚시를 하고 돌아왔다는 말을 듣고 부침

聞李端公垂釣回寄贈〉 두 수이다. 이 두 수로 미루어 볼 때 어현기는 이영에게 관심이 있어 추파를 던지지만 이영은 냉정하게 대하고 있다. 특히 이영을 완랑阮郞(여자에게 사랑받는 남자)으로 표현(〈이단공이 낚시를 하고 돌아왔다는 말을 듣고 부침聞李端公垂釣回寄贈〉)하고 있는 것을 보면 그에 대한 어현기의 감정을 짐작할 수 있다. 이 밖에도 이근인李近仁(〈迎李近仁員外〉)과 좌명장左名場, 유상서劉尙書(〈寄劉尙書〉), 이학사李學士(〈酬李學士寄簟〉) 등의 이름이 어현기의 시에서 거명되고 있으며, 이들 이외에도 이름이 확실치 않거나 밝히지 않은 교유시들(〈寄題鍊師〉, 〈暮春有感寄友人〉, 〈次韻西隣新居兼乞酒〉, 〈和友人次韻〉, 〈和新及第悼亡詩 二首〉, 〈感懷寄人〉, 〈期友人阻雨不至〉, 〈訪趙鍊師不遇〉, 〈和人〉, 〈和人次韻〉)이 여러 수 있다.

다음으로 여행하는 도중의 경물을 서정적으로 그리고 있는 〈강을 건너며江行〉와 〈악주를 지나며過鄂州〉 등의 여행시가 있다. 특히 〈강을 건너며〉에서는 어현기의 시에서 매우 드물게 보이는 '행복감'이 잘 드러나고 있는데 사랑하는 사람 아마도 이억과 함께한 행복한 여행의 기록일 것이다.

다음으로 〈강변 버들이라는 제목으로 노래하다賦得江邊柳〉, 〈임처사가 자복사를 만들었기에 쓰다題任處士刱資福寺〉, 〈은무정에 쓰다題隱霧亭〉, 〈완사묘浣紗廟〉, 〈공놀이를 보고 짓다打毬作〉 등은 영물시의 성격이 강하다. 〈강변 버들이라는 제목으로 노래하다〉는 강변 버들이라는 경물이 지닌 속성을 어현기 자신의 신세에 투영시켜 절묘하게 그리고 있고, 〈완사묘浣紗廟〉는 영사시詠史詩와 여행시의 성격을 함께 가지면서 서시西施의 전설과 관련된 완사묘를 노래하고 있다. 또한 당대의 주요 운동경기를 세밀하게 묘사하고 있는 〈공놀이를 보고 짓다〉는 당대의 놀이 문화를 짐작하게 하는 시이다.

다음으로 여도사의 생활을 묘사하고 있는 도교생활시들이 있다. 이들 시는 크게 두 가지 경향을 보이는데, 첫째, 여도사로서의 청정하고 한적한 정신세계 즉 도사적 세계를 추구하고 그 세계를 보여 주는 작품들이다. 예를 들면 신선세계를 추구하고자 하는 마음을 분명히 하고 있는 〈우언寓言〉("인간 세상의 슬픔과 기쁨은 한바탕 꿈인 것을, 어떻게 하면 쌍성 같은 선녀가 될 수 있을까요?人世悲歡一夢, 如何得作雙成")이나 〈마음속을 끌어내어導懷〉("금은은 구하지 않으려 하네.金銀志不求"), 또한 여도사의 일상생활에서 느끼는 마음의 평정과 평화로움을 그리고 있는 〈여름날 산에서 살며夏日山居〉와 같은 작품들이 그러하다. 여도사의 생활을 그리고 있는 시들의 두 번째 경향은 앞의 경향과 상반되는 심리로 근심과 심란함 등을 노래한 것들이다. 대표적으로 〈근심 두 수愁思 二首〉와 〈늦봄의 즉흥시暮春即事〉 등의 작품은 여도사의 일상을 엿보게 하는 시어와 함께 근심, 그리움, 한恨 등의 감정에서 자유롭지 못한 시인의 마음상태가 잘 그려져 있다. 여도사로서의 어현기의 시에 나타나는 양면성은 도사적 생활과 자유연애를 동시에 추구한 당대唐代 여도사의 실제생활을 그대로 반영한 것이라고 할 수 있다.

어현기의 시세계는 이와 같이 다양한 소재와 풍격을 보여 주고 있는데, 그녀의 다양한 시세계를 지배하는 주요정서를 정리해 보면 대체로 다음 몇 가지라고 말할 수 있다. 우선, 사랑의 감정이다. 어현기는 정열적이고 적극적으로 연애 감정에 몰두하였으며 이와 같은 감정세계는 크게 세 가지 유형으로 드러난다. 첫째, 사랑의 추구로 인해 발생하는 행복감, 그리움, 기다림의 감정이다. 다음의 작품은 사랑의 행복감이 잘 드러나 있다. "예쁜 배의 봄 잠은 아침에도 아직 부족해, 꿈속에서 나비되어서 또 꽃 찾아다녀요.畫舸春眠朝未足, 夢爲蝴蝶也尋花."(〈江行 二首〉) 그리움은 연애의 필수감정이다. "산길은 비탈져서 돌비탈길 위태로운데/가는 괴로움 근심 않고 그리움만 괴롭네요.山路攲斜石磴危, 不愁行苦苦相思."(〈春情寄子安〉) "유독 끝없는 그리움만 사랑하여/낮은 가지 소나무에서 읊조림 마치네.獨憐無限思, 吟罷亞枝松."(〈暮春有感寄友人〉) "강의 남쪽과

강의 북쪽에서 근심으로 바라보며/서로 그리워하고 서로 생각하며 다만 읊조려요.江南江北愁望, 相思相憶空吟."(〈隔漢江寄子安 六言〉) "그대를 생각하는 내 맘은 서강의 물과 같아/밤낮으로 동으로 흘러 쉬는 때가 없네요憶君心似西江水, 日夜東流無歇時."(〈江陵愁望寄子安〉) "값을 매길 수 없는 보석은 구하기 쉬운데/내게 마음 두는 그 임을 얻기는 어려워라/침상에서 잠자코 눈물을 드리우고/꽃속에서 남몰래 애간장 끊어지네.易求無價寶, 難得有心郎. 枕上潛垂淚, 花間暗斷腸."(〈贈鄰女〉)라고 하며 자신만을 사랑해 주는 님에 대한 강렬한 그리움을 드러내고 있다. 어현기는 하염없이 그에게서 서신이 오기를 기다린다. "서신은 감감, 어느 곳에다 물어야 할지/낚싯대 잡고 온종일, 맑은 강은 비었어요.書信茫茫何處問, 持竿盡日碧江空."(〈情書寄李子安 補闕〉) "봄이 오고 가을 가도 그리움 남았는데/가을 가고 봄이 와도 소식은 드무네요.春來秋去相思在, 秋去春來信息稀."(〈閨怨〉) "그리움에 젖은 아내는 베틀 속 비단에/수자리에 있는 사람은 변경 밖 하늘에/기러기 날고 물고기 물에 있어/서신을 어찌 전해야 할런지.思婦機中錦, 征人塞外天. 雁飛魚在水, 書信若爲傳."(〈早秋〉) 둘째, 사랑의 추구의 실패로 인해 발생하는 버려짐, 이별의 아픔이다. "취해서 헤어지니 천 잔으로도 근심을 씻지 못하고/이별의 슬픈 심사 백 가지 맺힘은 풀 길이 없네요.醉別千巵不浣愁, 離腸百結解無由."(〈寄子安〉) "서산에 나무들이 다 없어져서 사람들이/눈물지으며 괘념치 않게 되길 바라지요.願得西山無樹木, 免敎人作淚懸懸."(〈折楊柳〉) 첫째와 둘째의 감정은 어현기의 시에서 수愁(17회), 사思(12회), 한恨(11회)의 언어의 다용으로 드러난다. 셋째, 체념의 정조이다. 울어 봐도 원망해도 더 이상 만날 수도 돌아오지도 않는 그 사람을, 그 사랑을 체념하지 않고서야 어찌 견딜 것인가. 이와 같은 체념의 정조는 주로 '공空'이라는 글자의 다용(총 15회)으로 드러난다. '공'은 "부질없다, 비우다, 다만" 등등의 의미가 있는데 대체적으로 체념의 정조를 띠고 있다. '공'은 어현기의 심사를 표현하는 핵심어 가운데 하나이다. 사랑의 추구로 인해 발생하는 이와 같은 감정세계는 여도사가 되기 전 이억과의 사랑과 결혼 그리고 이별에서부터 시작하여 여도사가 된 이후에도 문인들과의 교제를 통해 지속적으로 유지되었고 결국 이 감정을 통제하지 못해 어현기는 마침내 살인을 하고 처형으로 생을 마감하였다.

어현기의 시세계를 지배하는 두 번째 중심 정서는 자유(묶여 있지 않음)와 한적한 평정의 추구이다. 이억과 헤어진 뒤 어현기는 여도사가 되면서 일정 정도 신선을 추구하는 도사의 자유로움과 한가로움을 누린다. "봄꽃과 가을 달이 시편으로 들어오고/대낮과 맑은 밤은 관직 없는 신선이네/다만 구슬발을 말아 올려 내린 적 없고/항상 평상 하나 옮겨 산을 대하고 잠자네.春花秋月入詩篇, 白日淸宵是散仙. 空捲珠簾不曾下, 長移一榻對山眠."(〈題隱霧亭〉) "한가롭게 이 몸은 할 일 없어 풍광을 나 홀로 유람한다네/조각 구름과 강 위의 달/출범하는 바닷 속 배일세/거문고는 소량사에서 퉁기고/시는 유량루에서 읊조린다네/대나무 덤불은 벗이 되어 줄만하고/조각돌은 친구 되기 좋아한다네/제비와 참새가 다만 귀하니/금은은 구하지 않으려 하네/잔에 가득 찬 봄술 빛깔 푸르르고/달을 마주한 밤 거문고 그윽하네/섬돌을 돌며 늪을 깨끗하게 하고/비녀를 뽑아 잔물결에 비춰 본다네/침상에는 서책이 널부러져 있고/반쯤 취해 일어나 머리 빗는다네.閑散身無事, 風光獨自遊. 斷雲江上月, 解纜海中舟. 琴弄蕭梁寺, 詩吟庾亮樓. 叢篁堪作伴, 片石好爲儔. 燕雀徒爲貴, 金銀志不求. 滿杯春酒綠, 對月夜琴幽. 遶砌澄淸沼, 抽簪映細流. 臥床書冊遍, 半醉起梳頭."(〈導懷〉) "신선의 거처 옮겨 이곳으로 오니/꽃떨기 절로 퍼져 심어 본 적 없어라/뜰 앞 낮은 나무에 옷걸이 펼치고/ 의자 가 새 샘물에 술잔을 띄웠어라/장랑 난간 살며시 깊은 대나무 길을 전하고/비단 휘장 언제나 어지러운 책 무더기 가리누나/한가로이 유람선 타고 밝은 달을 노래하며/가벼운 바람이 부는 대로 내맡겨 도는구나.移得仙居此地來, 花叢自遍不曾栽. 庭前亞樹張衣桁, 坐上新泉泛酒杯. 軒檻暗傳深竹徑, 綺羅長擁亂書堆. 閑乘畫舫吟明月, 信任輕風吹却回."(〈夏日山居〉) 어현기는 선녀가 되어 자유를 꿈꾼다. "인간 세상의 슬픔과 기쁨은 한 바탕 꿈인 것을/어떻게 하면 쌍성 같은 선녀가 될 수 있을까요?人世悲歡一夢, 如何得作雙成."(〈寓言 六言〉) "어찌 세상 일을 쫓아갈 수 있겠는가?/만리 멀리 이 몸은 매여 있지 않은 배와 같네.安能追逐人間事. 萬里身同不繫舟."(〈暮春即事〉) 자유와 평정을 추구하는 이와 같은 정서는 남편에게 버림받고 헤어진 뒤 여도사가 된 이후에 나타나는 감정으로 이것은 첫 번째 주요 정서인 사랑의 추구, 사랑하는 이에게 묶여 있고 싶은 소속에 대한 본능과 그것의 구속(묶여 있음)으로 인해 발생하는 정서와는 상반된 심리이다. 여도사가 되어서도 이와 같은 상반되는 감정이 병존하는 것은 당대唐代의 여도사가 지니는 일반적 성격이다.

어현기의 시세계를 재배하는 세 번째 중심정서는 스스로에 대한 강한 자존감과 그렇게 잘난 자신을 알아주는 사람(지기知己)이 없는 것에서 오는 신세한탄의 정서이다. 이와 같은 정서는 애정의 추구와 재능 있는 여성의 입장 모두에서 드러나고 있다. 예를 들면 〈남은 모란을 팔다賣殘牡丹〉에서 그리고 있는 팔다 남은 모란의 형상은 시인 자신에 대한 투영이다. "바람을 대하며 탄식해요. 꽃이 자꾸 떨어져서요/봄기운 살며시 사라지니, 또 한 봄날이 가네요/아마도 가격이 높아서 사람들이 묻지 않겠지만/사실은 향기가 심해서 나비가 가까이하기 어렵지요/빠알간 꽃부리 다만 궁궐 안에서 자라기 알맞고/비취빛 잎사귀 어찌 이슬과 티끌에 물들겠어요/상림의 동산에 옮겨 심어놓고 나서야/왕손은 그제야 살 길 없어 후회하지요.臨風興歎落花頻, 芳意潛消又一春. 應爲價高人不問, 却緣香甚蝶難親. 紅英只稱生宮裏, 翠葉那堪染露塵. 及至移根上林苑, 王孫方恨買無因." 이 시에서 어현기는 자신에 대한 강한 자존심과 함께 자신의 매력을 알아주지 못하는 것에 대한 깊은 안타까움을 드러내고 있다. 문재文才가 있는 여성이었던 어현기는 숭진관의 남쪽 누대에 놀러가서 새로 급제한 사람의 이름을 적어 놓은 곳을 보고서 부러워한다. "운봉은 눈 가득 봄을 피우고 하늘은 맑은데/역력한 은 갈고리 손가락 밑에서 생겨났네요/비단 옷이 시구를 가리는 것을 스스로 원망하면서/고개 들어 게시판 속 이름을 헛되이 부러워하네요.雲峰滿目放春晴, 歷歷銀鉤指下生. 自恨羅衣掩詩句, 擧頭空羨榜中名."(〈遊崇眞觀南樓睹新及第題名處〉) 봉건시대의 재능 있는 여성이 느끼는 한계와 부러움, 안타까움이 고스란히 묻어 있다.

어현기의 시는 표현상 다음 몇 가지 특징을 보여 주고 있다. 첫째, 여성시인들의 특징 중의 하나인 여성적 시어의 상용이다. 어현기는 경물을 표현할 때 은상銀牀, 옥수玉水, 비취루翡翠樓, 향계香桂 등의 미사여구를 구사하고 있다. 둘째, 솔직하고 대담하고 세밀한 표현을 즐겼다. 셋째, 율시의 대우對偶가 철저하여 함련과 경련의 대우가 매우 조밀하다. 어현기는 오언율시가 태반이다. 어현기의 현존시 50수(총 2,000여 자) 가운데 율시가 총 28수(칠언율시 17수, 오언율시 11수)로 전체의 절반 이상을 차지하고 있다. 이 점은 설도의 시의 대부분이 오언절구인 것과 뚜렷이 대조된다. 넷째, 형식의 다양화이다. 어현기의 시의 형식은 절반 이상이 율시이지만 나머지 시들의 형식은 매우 다양하여 칠언절구(14수), 칠언배율(3수), 오언배율(3수), 육언시(2수), 오언구 사련四聯, 칠언구 일련一聯 등으로 구성되어 있다. 특히 칠언배율시는 칠언배율체의 성공적 모델을 보여 주고 있어 당송대 칠언배율시의 압권으로 평가되고 있다. 명대明代의 호응린胡應麟은 "내가 송대宋代의 칠언배율을 살펴보았는데 끝내 하나도 가작이 없다. 당대唐代에 오직 여자 어현기의 창화시 두 편이 뽑을 만하고, 다 말할 것이 못 된다.余考宋七言排律遂無一佳, 唐惟女子魚玄機二篇可選, 諸亦不及云."(《詩藪》 雜編, 卷四)라고 하였다. 다섯째, 단어의 배치와 전고 사용이 빼어나고 참신하다. 여섯째, 허사 운용에 뛰어나다. 특히 '공空', '미未'라는 글자를 적절히 운용하여 자신의 심경을 잘 드러냈다. 명대의 고기륜顧起綸은 《국아품國雅品, 규품閨品》에서 명대의 여류시인 맹거사孟居士의 시를 평하면서 "화장기가 없을 뿐만 아니라 또한 허사를 매우 잘 사용하여 참으로 어현기에 버금간다.不但無鉛粉氣, 且雅善用虛字, 亦魚玄機之亞."라고 하였다.

어현기는 자신의 뜨거운 감정을 매우 솔직하고 강렬하게 서정시로 담아내어 역대로 호평을 받아 왔다. 당대의 황보매는 《삼수소독》에서 "바람과 달을 감상한 아름다운 구절이 이따금 유림들 사이에 퍼졌다.風月賞玩之佳句, 往往播于士林."라고 하였고, 명대 종성은 《명원시귀》에서 어현기의 〈한강을 사이에 두고 이억님께隔漢江寄子安〉를 평론하면서 "어현기는 아마도 재원 가운데 시성일 것이다.玄機蓋才媛中之詩聖也."라고 하였고, 또 〈연애편지를 이자안 보궐님께情書寄李子安補闕〉라는 시에 대한 평론에서는 "감정을 따라 화려하며, 일로 하여금 대단히 곱게 움직일 수 있게 하였다. 이것은 이상은이 잘 할 수 있었는데 어현기가 그와 짝할 만하다.緣情綺靡, 使事偏能豔動. 此李義山能爲之, 而玄機可與之匹."라고 평하였다. 현대의 유명한 학자 정진탁鄭振鐸은 《삽도본중국문학사插圖本中國文學史》(1932년 초판, 1957년 신판)에서 "그녀는 비록 온정균과 이억의 안채에 들어갈 수는 없었지만 여류작가 가운데 매우 걸출하다. 그녀는 그토록 솔직하게 자신의 가슴속을 드러냈는데 이것은 매우 드문 일이다."라고 하였다.

어현기의 시를 보면 확실히 그녀는 섬세하고 감수성이 예민한 여자였다. 그녀의 중심 감정은 애절한 연정, 뜨거운 그리움이었지만 그 불타는 감정은 한 번도 온전히 실현되어 본 적이 없었다. 그녀의 시세계는 당대 최고의 여성시인으로 평가되는 설도의 경우와는 사뭇 다르다. 설도의 시가 전형적 사교시를 중심으로 상대적으로 차분하고 얇고 부드럽다면 어현기의 시는 뜨겁고 진하고 애절하다. 어현기는 가슴에 불덩이를 안고 살다 그 불덩이에 스스로가 타 버린 여인이다. 그녀는 이 세상에 없지만 그녀의 가슴속에 타다 남은 불씨는 시로 살아남아 지금도 비련에 사로잡힌 독자의 가슴에 불을 지핀다.

✿ 판본, 현존시에 대하여

현존하는 어현기의 시집은《당여랑어현기시唐女郞魚玄機詩》1권이 전부다. 이 시집은 청대淸代 가경嘉慶 8년(1803)에 오문吳門의 황비렬黃丕烈이 소장하던 것인데 본래는 명대의 항씨項氏가 소장하고 있던 것으로 남송南宋의 임안부臨安府의 진씨인본陳氏印本이다. 이 판본은 모두 12쪽으로 앞 4쪽은 글자체가 매우 자세한데 북송의 판각北宋刻이고, 뒤의 8쪽은 다소 거친데 남송의 서붕본書棚本(남송의 임안臨安—지금의 항주杭州—의 진씨陳氏부자가 경영하던 책방에서 판각된 서책)이다. 이 시집에는 모두 49수의 시가 수록되어 있다. 이 밖에《문원영화》에 어현기의〈버들을 꺾으며折楊柳〉시 1수가 기재되어 있어 현존하는 어현기의 시는 모두 50수이다. 원대 신문방의《당재자전》에서도 "시집 한 권이 있어 지금 전한다.有詩集一卷, 今傳." 라고 하였고, 그 후에는 달리 기록이 없는 것으로 보아 아마도 이 시집이 현재로서는 유일한 것으로 보인다. 청대에 편찬된《전당시》(권804)는《당여랑어현기시唐女郞魚玄機詩》의 49수와《문원영화》의〈버들을 꺾으며折楊柳〉시 1수를 포함하여 총 50수를 수록하고 아울러 개별 구절로만 남아 있는 몇 구(총 다섯 구)를 '구句'라는 제목 아래 수록하고 있다.

✿ 번역의 방법

시를 번역하는 것은 어려운 일이다. 본서가 준수하려고 한 번역의 모토는 '정확성'과 '아름다움'이다. '정확'하고 '아름다운' 번역, 이것은 쉬운 일은 아니다. 본서는 원시가 지닌 의미를 최대한 정확하게 옮기면서 동시에 본래의 시가 지닌 아름다움을 손상시키지 않도록 노력하였다. 외국문학을 우리말로 옮길 때 가장 중요하고 어려운 것이 해당 외국어를 우리말로 옮길 때 가장 알맞은 말이 무엇인지를 고민하고 결정하는 일일 것이다. 시가詩歌 장르의 경우 언어의 선택과 정제에 대한 요구가 다른 문학 장르보다 더 엄격하며, 특히 비유나 고전인용어의 경우 번역하기가 매우 난감하다. 비유의 경우 크게는 민족마다 문화적 차이가 있고, 작게는 동일 민족 내부에서도 시인마다 차이가 있다. 본서는 언어표현을 생명으로 하는 시가 장르의 고유성을 중시하여 원시에 표현된 비유는 원래의 표현을 살려 우리말로 표현하였다. 예를 들어 어현기의 시에는 "은 갈고리(은구銀鉤)"라는 표현이 나오는데 은 갈고리는 발이나 휘장揮帳 따위를 거는 은으로 만든 갈고리(갈고랑이)를 가리키며 매우 아름답게 쓴 글씨나 서예가 강건하고 힘이 있는 것을 비유한다.(〈벗의 운을 따라 화답하다和友人次韻〉, 〈숭진관의 남쪽 누대에 놀러가서 새로 급제한 사람의 이름을 적어 놓은 곳을 보고서遊崇真觀南樓睹新及第題名處〉) 참조) 이 표현은 서예의 'J' 모양의 특성을 살린 매우 형상적이고 적절한 비유이며 현대의 우리나라 독자들도 주석을 통해 충분히 이해할 수 있다. 비유는 시의 생명이므로 함부로 옮기는 것은 시인에 대한 모독이 될 수 있으며, 또한 다른 민족, 다른 시인의 새로운 비유는 독자의 인식을 확장시키는 역할을 하므로 본서는 이러한 시어들을 우리말의 해당어로 옮겼다. 또한 고전인용어의 경우 고대 전적에 나오는 내용이나 구절을 인용하여 간결한 어구로 표현한 것을 말하는데, 간결한 표현 속에 관련 고사가 함축되어 있어 사자성어처럼 관련 고사의 내용을 이해하는 독자에게는 간단명료한 표현 속에 풍부한 함의를 전달할 수 있는 편리한 방법이 될 수 있다 이런 표현은 동아시아의 고대 문인들 사이에서는 공유된 지식이므로 문장을 이해하는 데 전혀 방해가 되지 않으며 오히려 관련 고사를 환기시켜 시가의 맛을 증진시키는 효과가 있다. 그러나 이 어구를 우리말로 번역할 때 시어의 특성에 따라 간결하게 옮겨 놓으면 현대의 우리 독자들이 금방 이해하기 어려우며, 그렇다고 길게 풀어서 옮기면 시가 장르의 특성상 시맛이 전혀 나지 않는다. 본서는 이 경우에도 시가의 장르적 속성을 고려하여 최대한 원시의 언어를 살려 우리말로 간결하게 옮기되, 주석을 통해 독자의 이해를 돕는 방식을 취하였다.

중국의 고전시는 리듬을 갖춘 정형시이다. 그래서 의미의 옮김은 어느 정도는 가능할 수 있지만 한시의 리듬과 정형성을 지키면서 원시에서 느껴지는 시의 맛과 멋을 우리말로 그대로 옮겨 내는 것은 결코 쉽지 않다. 시는 언어의 선택과 배열의 결정체이다. 우리말의 알맞은 선택과 배열을 통해 원시의 맛과 멋을 살리는 방법은 무엇일까? 결론은 우리말의 전통 음수율인 3/4/5조를 가능한 대로 살려 보는 것이라고 생각했다. 그래서 오언시는 한 구를 가능한 3/4/5조의 기본 리듬으로 옮기려고 하였고, 칠언시는 3/4/5조를 기본리듬으로 하고 추가로 3, 4, 5음절 가운데 하나를 추가시켰다. 매 구에 대한 번역은 우리말로도 한 행으로 처리하였다. 때로는 한 구의 의미가 두꺼워서 우리말 한 행으로 옮기기 벅찬 것이 있는 것이 사실인데, 이와 같은 경우 한 구를 여러 행으로 처리하면 현대적 감각으로는 멋스러워 보이는 것이 사실이다. 그러나 시는 기본적으로 형태미를 도외시할 수 없으며 특히 행의 처리는 시의 형식에서 대단히 중요한 부분이다. 고전 한시는 구의 형식이 일정한 정형시이므로 번역시 역시 원문이 지닌 본래의 형태미를 손상시킬 수는 없다는 것이 역자의 기본 생각이다.

✿ 본서의 저본과 구성

본서는 그녀의 현존시 50수를 완역하였다. 본서의 번역은 현존 최고最古의 판본인 《당여랑어현기시唐女郎魚玄機詩》를 저본으로 하고 기타의 시와 구는 《전당시》의 기록을 따랐다. 특별히 문제가 되는 극소수의 구절을 제외하고(이에 대해서는 해당 시의 주석에서 설명을 붙였다.) 시의 원문과 배열순서 모두 이 저본을 따랐다. 특히 이 판본에는 속자가 매우 많아 익숙하지 않은 글자들이 많은데 모두 원본 그대로 제시하였다. 본문의 구성은 번역문을 먼저 제시하고 원문을 그 뒤에 놓았다. 시의 제목과 원문 등에 대한 서로 다른 견해는 주석과 작품설명에서 소개하였다. 원문 뒤에 가능한 대로 상세한 주석을 달았고, 아울러 작품이해에 도움이 되는 관련정보를 작품설명란으로 묶어 놓아 관심 있는 독자들의 편의를 도모하였다.

✿ 주요 참고문헌

본서의 주석과 번역은 기존 주석가의 주석을 따르고 옮기기에 앞서 기본적으로《한어대사전漢語大詞典》등의 현존하는 가장 큰 사전의 글자풀이를 꼼꼼히 그리고 철저히 참조하였다. 매 작품의 모든 시어들과 특히 부분적으로 논란이 되거나 애매한 어휘들에 대해서는 사전의 어휘용례에 근거하여 해당 자구가 당대唐代의 어현기의 시에서 어떤 의미로 사용되었는지를 반복적으로 심사숙고하여 최대한 철저하게 어휘의 의미를 분석하도록 노력하였다. 그런 뒤에 주요 주석가의 주석과 설명을 꼼꼼히 비교 대조한 뒤 종합적인 판단을 하였다. 어현기의 작품을 이해하기 위해 참고할 만한 자료로는 진문화陳文華의《당여시인집삼종唐女詩人集三種》(上海古籍出版社, 1984)과《꿈에 나비가 되어 꽃을 찾다: 이야, 설도, 어현기시주평夢爲蝴蝶也尋花: 李冶, 薛濤, 魚玄機詩注評》(上海古籍出版社, 2007), 팽지헌彭志憲과 장일張燚의 공저인《당대여시인어현기시편년역주唐代女詩人魚玄機詩編年譯注》(新疆大學出版社, 1995)가 있다. 이 밖에 일본의《한시대계漢詩大系》의《어현기, 설도魚玄機, 薛濤》(辛島驍, 集英社, 1964), 몇 권의 영문 번역본(본서 '어현기 관련 문헌목록' 부분 참조)이 있다. 이 가운데 진문화의 앞의 책은 교주 중심으로 주석은 거의 미미하다. 진문화의 뒤의 책은 주석과 작품설명이 비교적 풍부하고 자세한데 다만 선시집이어서 어현기의 일부 시만 수록되어 있다. 그러나 진문화는 당대唐代 여성시인을 전문적으로 연구한 사람이기 때문에 주석이나 작품설명이 비교적 완정하다. 팽지헌彭志憲과 장일張燚의 책은 주석과 작품설명이 진문화의 책보다 더 풍부하고 매우 자세하며 어현기의 현존시 전부를 창작시기의 순서에 따라 배열하였다. 그러나 연도별 창작연대는 추정에 의한 것으로 확신할 수 있는 것이 아니어서 다소 가상적이고 소설적이다. 주석 또한 자구 해석상 다소 편파적인 부분이 있고, 또한 추정에 의한 사건에 근거하여 지나친 해석을 한 부분이 있어 유의할 필요가 있다. 일어판 한시대계의 역주 또한 전문 학자의 주석인 만큼 매우 잘 되어 있지만 일부의 주석이나 설명은 고증의 오류나 과장이 있다. 영문 번역본들은 주석과 작품설명보다는 기본적으로 번역을 중심으로 이루어졌고 작품마다 오차가 있지만 대체로 참조할 만하다.

어현기 연보

- 844년(會昌 4)~846년(會昌 6) 사이: 출생
- 860년(咸通 원년)~862년(咸通 3) 사이: 이억李億의 첩으로 들어감, 곧 버림받음. 함의관咸宜觀으로 출가하여 여도사가 됨
- 863년(咸通 4)~867년(咸通 8년): 여도사로서 자유분방한 교제와 생활
- 868년(咸通 9): 시녀를 때려 죽인 혐의로 사형에 처해짐

어현기 관련도서 목록

- 《唐女郎魚玄機詩》(明嘉靖 19年[1540], 明末重印, 清光緒間, 民國初重印, 北京圖書館出版社, 1999, 2003, 上海古籍出版社, 2000, 영인본).
- 《全唐詩》(卷804)《魚玄機》, 北京: 中華書局, 1960.
- 陳文華,《唐女詩人集三種》, 上海: 上海古籍出版社, 1984.
- 陳文華,《夢爲蝴蝶也尋花: 李冶, 薛濤, 魚玄機詩注評》, 上海: 上海古籍出版社, 2007.
- 彭志憲, 張燚 著,《唐代女詩人魚玄機詩編年譯注》, 烏魯木擠: 新疆大學出版社, 1995.
- 辛島驍,《魚玄機, 薛濤》(漢詩大系), 東京: 集英社, 1964.

- Wimsatt, Genevieve B., *Selling wilted Peonies; Biography and Songs of Yü Hsüan-chi, T'ang Poetess*, New York: Columbia University Press, 1936.
- Translated by David Young and Jiann I. Lin. *The Clouds float North: The Complete Poems of Yu XuanJi*, Hanover: Wesleyan University Press: Published by University Press of New England, 1998.(monograph)(http://etext.lib.virginia.edu/chinese/yu)
- Translated by Bannie Chow and Thomas Cleary. *Autumn Willows: Poetry by Women of China's Golden Age*", (monograph), Ashland, Ore.: Story Line Press, 2003.
- Walls, Jan W., "The Poetry of Yü Hsüan-chi: A Translation, Annotation, Commentary and Critique", Thesis (Ph.D.), Indiana University, 1972.

• Beatrice Holtz Ilumin. "You See My Heart: The Sacred and the Erotic in the Selected Works of T'ang Dynasty Poetesses: Li Ye, Yu Xuanji, and Xue Tao", Thesis (Ph.D.) Pacifica Graduate Institute, 2008.

찾아보기

역해자 류창교

안동 하회에서 태어나 한국고등교육재단에서 한학연수장학생으로 사서삼경을 수학하였다. 서울대학교에서 문학박사 학위를 받고, 미국 위스콘신대학교(Madison) 동아시아어문과 특별연구원, 중국사회과학원 문학연구소 방문학자, 숙명여자대학교 인문학부 초빙교수를 역임하였다. 현재 서울대학교와 연세대학교에 출강하고 있다. 저서로는《美國의 中國文學 研究》(2003),《세상의 노래비평, 人間詞話》(역주서, 2004),《왕국유평전》(2005),《완역 설도시집》(2012) 등이 있고, 중국여성문학과 관련한 다수의 논문이 있다.